中 国 建 投 研 修 院　编

洞察历史、触摸当下、聆听未来

听·见时代

JIC 讲堂精华实录

/ 2016年卷 /

GROUP

社会科学文献出版社
SOCIAL SCIENCES ACADEMIC PRESS (CHINA)

序 言

当今世界正在经历一场深刻的变革，处在变革的中心，如何抽丝剥茧，在纷繁复杂的世相变化中成就对远见的探索？

2016 年 7 月，建投书局上海旗舰店重装开业之际，由中国建投研修院和建投书店合力打造的文化讲座活动——JIC 讲堂便在这样的思考中应运而生。

JIC 讲堂以"洞察历史、触摸当下、聆听未来"为主旨，立足"文明、思想、社会、经济、科技"五大主题，力邀大家鸿儒，致力于为先进思想的社会化传播贡献力量，为读者打造诗意的文化空间。

2016 年，JIC 讲堂以现代性进程这一思想背景为始，深入探讨了东西方文明冲突与融合、基督教传统与西方文明等当今世界赖以发展的文明土壤；对全球化的变更倾向等现实问题做出了深刻剖析；也对人工智能、全球制造业竞争以及供给侧改革等趋势性议题给出了独到的解读和预测。讲堂从时间跨度、视野广度、思想深度以及格局高度上，力图呈现一幅全面、真实的世界图景，为到场者奉上了一场场精彩的思想盛宴。

书籍是智慧的默写，讲座是思想的声音。在黄浦江畔的最美书店中，睿智的思想、儒雅的风范、观点的交互凝聚了一段段智慧光芒闪耀的午后时间。这对爱智者而言，无疑是最诗意的栖居方式。为了弥补没能到场与大师交流者的遗憾，我们决定将2016年的讲堂精华整理结集出版，希望借此机会，让更多热爱智慧、追求真知的读者犹如亲临现场一般，聆听到嘉宾们充满智慧的思想之音。

远见是对未知的预见，更是对历史和现实的洞察。讲堂在一个侧面践行着我们中国建投"远见成就未来"的发展理念，传递着"远见作为一种思想力"的文化意涵。

我们由衷期待本书能够在帮助读者享受求知乐趣、感受人文情怀的同时，进一步启迪其思考与体悟，以锻造思想的力量，使其未来的人生之路走得更加坚实。

仲建安

2017 年 8 月 8 日

目 录
CONTENTS

现代性与中国社会的现代性进程

张汝伦[*]

什么叫现代性？我看过很多西方著作，现代性这个词可能有几十种不同的定义，这恰恰说明它涵盖面非常广，几乎包括了地球上现代文明的方方面面，现代艺术的某些特性，政治家、社会学家可能着眼的政治学、社会学特性，哲学家看重的哲学特性，等等。

在我看来如果粗略地讲，人类的文明大概可分成古代文明和

---

* 张汝伦，复旦大学特聘教授，博士生导师，中国哲学史学会理事，《当代中国哲学丛书》主编。曾任上海市中西哲学和文化比较学会副会长，北京大学、台湾辅仁大学、德国特利尔大学客座教授，享受国务院特殊津贴。著有《哲学与人生》《中国现代思想研究》《含章集》《政治世界的思想者》《二十世纪德国哲学》《意义的探究：当代西方释义学》等多部学术著作。

现代文明。所谓古今之别不仅仅是物质层面的，更重要的是古今文明对事物的看法是完全不同的，我们要谈的是现代文明和古代文明相比，最内在和最本质的区别在哪里。

现代性坦白讲是现代西方世界所研究的重要主题，而我们中国谈得比较少，主要原因是我们中国人没有区分现代性和现代化。这是两个不同的概念，但是我们往往混为一谈，认为现代化还未完成，何来对现代性问题的讨论、反思甚至批判呢？中国思想界之所以直到今天仍不像西方思想文化界那样将对现代性的反思批判作为思想发展主要的动力和主题，原因就在这里。所以一开始我们就要区分现代性和现代化这两个概念。

现代化指的是现代文明中的物质文明、社会结构、生产方式，是显性的东西，但现代性是指一种特有的思想文化方式、态度、倾向、价值体系，是隐性的。两者有联系，但是这种联系不能理解为因果关系，有了现代性，一定有现代化，或者有了现代化，就有现代性，问题远比我们想的复杂得多。现代化的许多事物是普遍相同的，像现代的科技、大学制度、互联网等物质文明，在中国是这样，在阿拉伯、瑞士也是一样。但是现代性会显现出明显的地域和时间的区别，比如阿拉伯，它可以在现代化很多方面与全世界同步，但是在现代性方面，就有明显的差别，比如男女平等在他们的文化里不被认同，他们认为男人是家庭的主宰，妇女的权利是要受到限制的，婚姻上男人是可以同时娶多位妻子。再比如在军事上他们拥有现代化的坦克、直升机、互联网电子作战手段，但是部队里的人事安排恐怕还要受到部落文化制度的影响。

我们对现代物质文明，比如互联网，可能会批判它不当地使用、过度扩张对人类造成的负面影响，但是它本身作为一种科技的成果，是中性的。再比如医疗制度是要走市场化的道路，谁钱多谁就应该享受更好的医疗，还是说不同贫富程度的人都可以享受到同等医疗，这个问题和医院的病床有多少没有关系，背后是对现代性理解的问题。

现代性不是一个简单的编年史意义上的名词，而是时代概念和历史文化概念，和自然科学概念不同的是，现代性不是一个中性概念，而是集中体现了西方世界的价值观和哲学理念。首要原因是西方掌握了近300年的强势话语权，其次现代性确实与很多现代化层面的事物结合在一起，所以最初提出时带着西方的印记，之后才逐渐被全世界所接受。

日本文化理论家竹内好提出欧洲从自我解放的过程中走向了近代，解放过程一方面是生产性的，另一方面就是人的独立的个体意识的获得，产生了对人的最根本的理解和认识。

现代性作为一整套思想观念、价值理念和世界观，是现代世界的内在原则和精神取向，所以它不是一个纯粹的时间概念，而是一个思想概念，它还体现在生活方式和生活观念上，用来描述现代人做人做事的各种制度原则。我们在媒体上经常看到现代人如何如何，很显然现代人并不是单纯指活在21世纪的人，而是指对世界生发出一套有别于前人的独特的理念和方法的群体，所以现代人是一个质的概念，不是一个纯粹的时间概念。

正如美国一位社会学者指出的，所谓现代性就是发现我们自身所处的环境，这种环境允许我们去赢得权利、欢乐和成长，去改变我们的世界，但与此同时，它又摧毁我们所表现出来的一切。一方面它使人类解放，允许你想做什么就做什么，同时它也是一把双刃剑，它的风险也是前所未有的。

德国非常有影响力的学者乌尔里希·贝克写过一本书叫《风险社会》，他指出现代社会和古代社会相比，是一个充满着风险的社会，你明天一早醒来，不知道哪个地方就出事了，很可能你的存款一下就要缩水很多，甚至倾家荡产，一个化学试剂的泄漏，或者一个不知名病毒的蔓延，一下倒了一批人，更不用说哪个疯子发了一颗核导弹，整个人类的命运都要改变。传统社会很简单，我原来在中国偏远的农村待过，那个时候有大量的空闲时间，我经常在想，古代社会也许就这样，方圆60里，你一生所需要的基本需求，生老病死、衣食住行全满足了，从摇篮到坟墓看得清清楚楚，只要不发生天灾人祸，生活相当平静。现在不是这样，大起大落，风险和利好可能是同时存在的，但谁也不清楚哪一个降临到你头上。

现代的环境和经验直接跨越了一切地域和民族，可以说现代性把全人类都统一到了一起，但这是一个含有悖论的统一，它将我们所有人都冲进了一个不断倒退、斗争、冲突、模棱两可与痛苦的大旋涡，所谓的现代性也就是成为世界的一部分。我认识一个9岁的小朋友，会下国际象棋，天天跟全世界的人下，他在下棋的同时跟外国孩子聊天，甚至跟外国成年人聊天，那种感觉就是天涯若比邻。

现代生活是由许多因素促成的。17世纪开始，物理科学的伟大发现及随之而来的科学技术成就创造了新的人类环境，并摧毁了旧的人类环境，加快了生活的整体进度，产生了新形势的公私权力和阶级斗争。人口快速地增长，千百万人从他们祖先的居住地分离出来，走到半路时投入到新的生活中去。快速地成长常常引发巨大的变化，各种大众传媒生机勃勃，把各种截然不同的人和社会捆绑到一起。在层级结构中运行着的各个民族国家日益强大，不断扩张自己的势力，各民族的人民和大众社会的运动都向原有的政治和环境挑战，力求对自己的生活有所控制，不断扩张和剧烈活动的资本主义市场承载着上面所讲的这些人口的活动。

现代化是美国人在 20 世纪 70 年代发明的理论和概念，用来阐释西方的道路是人类的必由之路，带有明显的冷战的意识形态和目的，所以在西方大学里面，这个概念只作为历史的东西被提起，在 20 世纪 60 年代和 70 年代早期比较时髦，可能很多人满腔热血地想要改变现代的国家。这一理论表面上是中性的，代表了全世界的发展过程，实际并非如此。

对于现代性，德国伟大的社会学家韦伯曾最精确地说出过现代性的特征。韦伯在晚年做过一个著名的演讲——《学术作为一种志业》，在演讲中他这样总结现代性：我们的时代是一个理性化的、祛魅的时代，我们时代的宿命便是一切终极而最崇高的价值，比如博爱、团队、忠诚，已经或必将从社会生活当中隐没。在私人的感情上我们还会讲忠诚、信任、崇高、无私，这是私人领域的事情，而在社会生活当中已经不讲。社会生活当中讲什么，只有理性。所以现代性最根本的特征是理性化，它一共分了五个层面。

第一，经济理性化，主要表现在资本主义经营管理。在韦伯看来资本主义企业是一种体现出理性化特征的合理性组织，它最高的原则是只能赚不能赔，所以一切的措施为了这个目标服务，比如说精打细算、节约人力、最小投入、最大产出等等，而且一个非常鲜明的特征是要把经营活动和家庭分开，家庭不再是一个生产单位，而是一个消费单位，在所有权上，往往现代企业制度就是经营权和所有权分离。

利用现代健全的会计制度精密核算，计算越是精确，资本主义的理性化程度就越高。在技术上充分利用科学知识，依赖现代科学，尤其是以准确计算、合理实验为主的自然科学，都离不开理性的作用。韦伯认为从历史上来看，中国人、印度人、阿拉伯人也都很会做生意，为什么他们不能够产生资本主义制度？原因在于社会整体的理性化程度不够，没有贯彻现代理性主义的原则。西方企业从上到下的制度按照一套理性化的原则设计，按照自身的逻辑原则运转，比东方的家族企业有更长久的发展动力。

第二，行政理性化。理性化的资本主义不仅需要技术生产手段，而且需要一种可靠的按章办事的行政管理制度与之相匹配。理性化在国家制度的设计中也是需要的，行政理性化的特征就是官僚体制化，即科层制。科层化的官僚组织是最符合理性要求的行政管理制度，官僚一定要职权分明，不能你想管多少就管多少，科层制的行政管理意味着根据知识进行统治，采取档案制度，精确、稳定、有纪律、严肃、可靠，对于统治者来说保障其言而有信，因为制度会被记录下来，全部有案可查。所以由人组成的机构像机器一样运转，人员合理搭配，各取专长，互相之间可以配合，从而取得最好的效果。

恩格斯也讲过，官僚制度这一理性化制度最早出现在现代军队，他说贝都因武士与现代陆军对阵，一对一，陆军根本不是武士的对手，五对五打成平局，十对十，武士却不堪一击了，为什么？武士个人武艺高强，但是不懂得配合。现代军队是专业化的组织，战术配合非常讲究，火力支援、战术队形搭配等全部经过计算，所以在这样的情况下，个人武艺再高强，也没有办法打败它。我还看过西方研究鸦片战争的文章，谈到为什么几百个英国人就能摆平中国那么多的军队，其实两者根本是处在两个战争时代，除了武器的差别，最重要的是专业化的组织和理性化的管理制度。

第三，法律理性化。在韦伯的心中，行政理性化和法律理性化是密不可分的，没有法律的理性化，就没有行政的理性化，法律理性化是行政理性化的保证。

第四，文化的理性化。它形成了不同文化的价值领域。

第五，个人理性化。人类作为被上帝选中的子女，一切行动都是为上帝工作，该做什么、不该做什么是由上帝说了算，或者说是由前人的规矩说了算，但是个人理性产生之后，一切行动要经由自我的内心认可。

韦伯总结道，理性化是这样的知识和信念，只要人们想知道，他任何时候都能够知道。从原则上说再也没有什么神秘莫测、无法计算的力量起作用，人们可以通过计算掌握一切，这就意味着世界祛魅。在古代社会，人们总觉得人是有限的，所以世界上总有很多的事情我们人类是永远也没有办法知道的，神秘是这个世界应有的一部分。而现在的人认为一切只是时间问题，任何事情人类都可以知道，这是现代人和古代人完全不同的态度。先贤老子、孔子、庄子都明确认为人应该守住自己的有限性，这对我们中国的影响很大。韦伯讲，人们不必再像相信神秘力量存在的野蛮人，为了控制和祈求，而求助于魔法。技术和计算在发挥这样的功效，而这比其他任何事情更意味着理性化。人们未必知道韦伯的理性化理论，但是基本上都相信韦伯讲的理性化的信念，这套理念已经深入到现代人的血液，没有秘密，没有神秘，没有不可知，都是可知的，尤其是我们，特别像今天。

这就说明现代性实实在在就是一种现象，韦伯把它用非常精练的语言概括出来，但韦伯作为一位了不起的思想家，他对现代性既有肯定，又有否定。一方面他说现代性把人类从传统社会的种种束缚、偏见，甚至迷信当中解放出来，极大地促进了经济、社会、科学技术和个人自由的发展，并且在管理人类事务方面极为有效。另一方面，也就是人之为人的价值领域和信仰领域，人类陷入了一个密不透风的铁笼子，也就是在无政府主义和文化虚无主义当中走不出来了。在这个文明发展的最后阶段，韦伯说就是他那个阶段，专家没有灵魂，纵欲者没有心肝，并且幻想着自己达到了前所未有的文明程度。时间正值 1919 年第一次世界大战即将结束，他看到了这样的悲剧，已经对人类伤透了心，所以就说了这样的话。

在这个理性主义的时代，工具理性大行其道，其实不是世界越来越理性，相反，大家都进行计算，但是最后计算的结果是出奇的不理性，而且到了不可收拾的程度。美国次贷危机爆发，所有人都说这是人类贪婪、非理性的产物，时任美国大法官博斯曼却说恰恰相反，一个能够把自己一生的财产和积蓄都来赌房地产市场的人，其实都是经过精准计算的。结果次贷危机不期而至，造成灾祸。这提醒我们局部的工具理性泛滥，而整体上全局性理性的缺乏，才造就了如此非理性的大灾难。两次世界大战的灾难、经济危机、生态危机、人生失去意义、无政府主义、道德相对主义以及成了常态的恐怖主义的威胁，无不都是上面我们讲的理性化的产物。

现代性问题早在韦伯之前就已经有哲学家开始反思，其中最有深度的，又最全面的要属黑格尔，他说现代的原则始于古希腊，智者时代和苏格拉底的时代。具体来说他认为现代性的原则，一句话可以说明，人是万物的尺度。人，原是指人类，在现代指的是个人，个人是万物的尺度。就是这个世界如何，是以"我"的标准来衡量。黑格尔一方面认为这是个伟大的命题，因为它把思维认作被规定的东西。另一方面，他认为思维同样能为规定提供内容。这个普遍的规定是什么？就是尺度，就是衡量一切事物价值的准则。原来的价值准则，不在我们个人手里。他说第一步首先是我，我是我的，我有此兴趣，并且使这些兴趣成为内容，其次内容又被规定为具有完全的普遍性。但是黑格尔也看到了，这句话是有歧义的，因为人是不确定的、多方面的，就每一个人是特殊性的个体来说，每个人都是一个个别的人、特殊的人和偶然的人，个人可以作为自己的尺度。而人与人之间由于地位、利益诉求不一样，把个别特殊的人作为尺度的话，就可能有问题。

黑格尔要求将理性作为尺度。如果就第一种方式来了解的话会把自私自利作为尺度。"我"可以理解为人类普遍的理性。可是黑格尔有点儿一厢情愿，为什么？因为哲学家无法让历史按照他的思想、按照他认为正确的方式来发展，实际上我们可以看到，人类并不会按照自己的理性来理解自己。恰恰相反，现代人走的是另外一条路，尽管人是理性的动物，但现代的人慢慢反转过来了。现代人认为人应该自己说了算，人应该成为这个世界的主人，应该成为宇宙的中心，这是从来没有过的。古希腊人认为，人在诸神面前非常渺小，俄狄浦斯费了九牛二虎之力要避免他一出生便伴随他的悲剧命运。俄狄浦斯是非常智慧、勇敢和正直的人，尚且躲不过命运的捉弄。到了基督教兴起，上帝创造的人就更加有限，总在犯错，从亚当和夏娃就开始犯错。所以人不可能有现在这样的定位。

但是从15、16世纪文艺复兴时期开始就不一样了。文艺复兴时期的哲学家、意大利文艺复兴的代表人物皮科，第一次把人从宇宙当中剥离出来，使人成了无家可归的存在者。"无家可归"这个词西方思想家早就用了，皮科第一次是在正面的意义上把人描述成一个无家可归的人。皮科有一本非常经典的著作叫《论人的尊严》，书中他写了一个寓言：神在创世的时候最后创造人，那时宇宙满了，万物都各得其所，唯独人在宇宙当中找不到地方，造物主就决定不再给予任何其自身固有的东西，只给他一样其他的一切生物和物种不具备的东西。他将人创造成一种本性不确定的、不好也不坏的生物，然后把这个生物放在世界的中心，并且对他说，亚当，我没有给你固定的位置和专属的形式，因为你可以把自己改造成非常好的人，也可以把自己变成恶魔，我不给你指定，不像马、牛、兔子、老虎我指定了是什么；我也不给你地方，也不固定你独特的禀赋，但是你有一个好处，你所要的地位、形式、禀赋，都可以按照自己的欲望和判断去拥有和掌控它。其他造物的本性一旦被规定，就一定要受神定的法则约束，但是你可以按照自由的抉择来塑造你的本性，我已经把你放在世界的中心，在那里你更容易凝视世间万物，我使你既不属于天，也不属于地，既非可朽，也非不朽。这样一来，你就是自己尊贵而自由的塑造者，你可以把自己塑造成任何你喜欢的形式，你能够堕落为低级的野兽，你也能够按你灵魂的决定，在神圣的等级当中重生。这个寓言意味深长，可以说人能够做他想做的事情不受约束，包括神的约束，皮科认为这是上帝给人的补偿——自由。

从此皮科就代表现代人，和古代万物一体的思想做了一次彻底的了断。古希腊和我们古代中国都认为人和万物是一体的。有一次孔子的学生曾子跟他讲我们家乡的人每天上山砍柴，把一座山的树木都砍光了，从此以后再也不可能有柴砍了。孔子说在不合时宜的时间去砍柴，是为不孝。古人的确认为人和大自然是属于一个有机的整体，而在皮科那里，他把人从整个宇宙当中拆解出来，让他君临在宇宙之上，表面上来看人可以塑造自己，其实还有一句潜台词，他塑造了自己，当然他会按照他的愿望来做任何事。

现代的原则和古代的原则区别在哪里？古代的原则是人的事情天做主，所以一直到我们现在这个社会中，对于十恶不赦的人，我们还会说这家伙"丧尽天良"，这是古代哲学在日常语言中使用的反映。现在的原则是我的事情我做主，没有什么不可以，这是完全不同的两种准则，可以适用到对一切的事物的看法和处理上去。

相比较而言，法国哲学家笛卡尔讲的我思故我在没有这么极端。笛卡尔虽然说我思故我在，他还是要承认，我们要认识真理的话还是需要上帝，只有上帝能够保证我们对这个世界的认识不犯错。但是皮科则是讲天上地下、唯我独尊，没有什么事情是人不能做或者不敢做的。

古希腊神话当中有一个伊卡洛斯的神话，伊卡洛斯和他父亲两个人觉得神如此造人没有道理，人为什么不能飞？我就要飞。于是两个人造了翅膀，用蜡将翅膀粘在人身上，最后因为飞得太高，蜡被太阳烤化了，两个人就掉到海里死掉了。为什么古希腊人要编这个故事？是想告诫人类不要太狂妄自大，为所欲为。中国人其实也有一个俗语，叫聪明反被聪明误，不要以为自己很了不起。

正如皮科的寓言所展示的现代性原则成为一切事物的根本原则，以前宗教为"我"安身立命，宇宙的真理就在宗教里面。现代人的宗教不是这样的，宗教完全是私人的事情，满足我私人感情的需要就可以，再没有原来的人必须服从的宇宙真理。宗教成为一种感情需要，言下之意，我没有感情需要，就可以不要宗教了。在古代中国，政治的目的是什么，其主要目的不是让人发财，而是让人做好人。为什么要哲学家当统治者？因为他懂得让人成为一个有道德的人。但是从 15 世纪开始，政治的目的开始变成了维护经济、保障个人生命财产安全和获取利益的权力，再无其他。所以现在各国的政治依然是为发展经济服务，尤其像西方国家，两个政党竞选，互相开支票，我能给你的好处最多，你来投我的票。艺术上的个人主义、现代主义也是如此，以个人感觉为基础，不像古代，认为艺术真正要表现的是天道。

我在一篇文章中曾提到中国人认为绘画、书法等艺术门类既是宇宙造化产生的，又是它的根本目的，是要表达宇宙、阴阳造化。所以在中国人传统的思想里，美这个概念是没有的，艺术所表现的是最根本的天道。现代艺术中印象派和表现主义都是以个人的感觉为主，哲学更不用说，主体主义的哲学大行其道。关键就在于之前提到的理性。理性应该分为价值理性和工具理性，韦伯把价值理性称为实质理性，把工具理性叫作计算理性，又叫目的理性。它是建立在手段、目的这一模式的基础上，只关心目的设定以后，如何用最经济、省事、有效、直接的方法来达到目的，是对手段和方法的考虑和算计，所以又被称作计算理性或目的理性。目的理性容易望文生义，以为是关于我们目的正确与否的理性，这是不对的，它是为了达到目的所采取的方法的一种理性，但是目的本身是否合理，一点都不考虑。

这个东西在现代最可怕、最极端的一个例子即是纳粹对犹太人的血腥屠杀。纳粹到"二战"临近结束有一个最终解决，要把几百万犹太人大规模毁尸灭迹，时间已经到了1944年，他们也知道自己要失败，所以采取一个非常极端的手段来解决犹太人问题。为了达到这个目的要杀几百万人，但是战局紧张，犹太人又躲在十几个国家的无数城镇、乡村里，要把每一个人找出来，保证中间不出错，保证不造反，根据非常精密的安排、定时定点送到下一个地方，然后处理掉，谈何容易。从工具理性上讲，纳粹屠杀犹太人的过程中，这种组织的管理技巧是空前的，纳粹当局将一切做到了严密、周到、迅速、有效。可是处理方式越有效、技巧越高，如果目的是邪恶的，造成的结果也会越可怕。所以有效的、理性的手段，产生了最不理性的结果，这样的事情就不在少数了。

我再举个例子，在美国向日本投放原子弹前夕，有一位匈牙利裔的核物理学家声泪俱下地劝告主持工作的美国国务卿，原子弹不能用，这个魔鬼被放出来之后，人类便永无宁日了。而国务卿非常理性地拿张纸笔，算给他看，在攻占冲绳战场上美军已死亡 5 万人，如果要攻打日本本岛，至少要再伤亡几十万美国军人，结果还尤未可知，但是两颗原子弹投下去，不但能让将士不冒死亡的风险，还能为美国节省巨大的人力物力，哪个划算？美国国务卿所讲的就是计算理性的划算，而那个科学家则是从价值理性的判断出发的，即杀人本身是不对的，和战争能不能打赢、战争要付出的经济代价无关。现代世界两种理性是没有办法对话的，价值理性在现代世界基本是萎缩了，是没有发言权的。有发言权的一定是后者，为什么？因为非常简洁，拿张纸算给你看。现在所有的人也只相信这样的计算，而不再相信价值理性。价值理性的反驳往往用的理由是人自由生长的空间、人的审美需求、美好心情，但是这些没法用现代人冷冰冰的计算理性来表达。你没有办法写下来，问题就在这个地方。价值理性，先问你目的对不对，这样的判断最终总是和形而上的关怀，或者其他的人类更高的追求相联系，而不是取决于个人当下的得失。

科学技术是一种工具理性，但是如何使用科学技术，是价值理性的事情。现在无论是人工智能，或者克隆人等，恐怕都存在风险，能否约束科技的使用成为关键。随着世界的祛魅，人只在意看得见摸得着、能够计算的东西。世界本身很美，这个地方给我一种神秘感，望着满天的星斗会产生一种崇敬感等理念，都没有意思。星斗就是离我们几万光年的一块石头，或者一个发热体，荒凉得不得了。世界祛魅了，这些都没有了，都变成化学分子，是可以计算的，祛魅以后，价值理性不可避免地衰落了。因为价值理性，它不能没有形而上的性质，而祛魅恰恰是要把一切形而上的东西归结于偏见。工具理性，或者计算理性是一种不讲是非的技术理性。

17 世纪的英国大哲学家休谟讲过这样的一句话，他说人宁可毁灭全世界，也不肯去伤害自己的一个小指头，这并不违反理性，反过来，为了保护完全陌生的人而宁愿毁灭自己，也不违反理性。这句话就说明近代以来理性已经没有是非之分，理性与否是自己说了算，理性对于我们人就剩下一个计算功能，即如何能达到目的。

启蒙运动强调世界上没有其他的最高法庭，一切最高的法庭都是诉之于人的理性。恩格斯这样描写过启蒙运动者："他们不承认任何外界的权威，不管这种权威是什么样的。宗教、自然观、社会、国家制度，一切都受到了最无情的批判；一切都必须在理性的法庭面前为自己的存在辩护或者放弃存在的权利。思维着的悟性成了衡量一切的唯一尺度……以往的一切社会形式和国家形式、一切传统观念，都被当作不合理的东西扔到垃圾堆里去了；到现在为止，世界所遵循的只是一些成见，过去的一切只值得怜悯和鄙视。只是现在阳光才照射出来，理性的王国才开始出现。"17、18世纪的人自信地认为，除此之外全是迷信，统统都没有用，一切要按照我这个尺子来衡量。这个理性化造成的结果就是马克思在《共产党宣言》中说的，一切固定的僵化的关系，以及与之相适应的古老的令人尊崇的偏见和见解，都被消除了，一切新形成的关系等不到固定下来就陈旧了，一切等级的和固定的东西都烟消云散了，一切神圣的东西都被亵渎了。

原来我们都会认为家庭是很温情的存在，现在知识分子告诉你父母和子女的关系是契约关系，是法人之间的关系。人与人之间，即使爱情也只不过是两个人有彼此的需要，需要没了就可以走，离婚制度即是对这种需要的认定。所以一切过去认为是温情的、固定的东西，古老的、令人尊崇的东西都被扫除了。马克思在《资本论》中写道，随着机械化和现代工业的诞生，发生了一场在强度和范围上都类似于雪崩的入侵，一切道德和自然、年龄和性别、白天和黑夜的界限都被打破了，资本在狂欢。他一方面从历史唯物主义的角度认为这样的社会发展不可避免，旧的社会和旧的制度难以维系，另一方面，他也觉得人类付出的代价不仅仅是沉重的，可以说是沉痛的。所有东西都可以被推翻，白天和黑夜都可以颠倒了，原来黑的东西也不一定黑了，人变得不再像人。

人们自以为是，认为自己是自己的主人，实际上却是被资本击退，就像浮士德自以为他能自行其是，其实被魔鬼牵着走。比他晚半个世纪的尼采，则同样看到了现代性造成的是一个危险而混乱的局面。"在这些历史的转折点上，由于彼此之间激烈对抗的各种利己心自我膨胀，争夺阳光，在它们任意使用的道德范围内无法找到任何界限、任何控制、任何体谅，便出现了一种壮观的、多种多样的、丛林般的成长与努力，一种热带地区快速的发展竞争，以及一种巨大的毁灭和自我毁灭，它们比肩并立并且常常相互纠缠在一起。……在这里，除了一些新的'理由'之外别无他物，也不再有任何共用的公式；在这里，出现了一种新的对误解和相互不尊重的效忠；在这里，腐败、罪恶和最自负的欲望可怕地彼此相关，种族的精神从丰富多彩的善恶中涌现出来；在这里，春天和秋天命中注定同时出现。在这样的时代，个人敢于追求个性。另一方面，这种大胆的个人迫切需要他自己的一系列法则，需要他自己的技能和计谋来达到自我保护、自我提高、自我觉醒、自我解放。各种可能性一下子显得光辉灿烂又不祥逼人。我们的本能现在能够向所有各个方向返回；我们自己就是一种混乱。"尼采在《善恶的彼岸》中说的这些话，极为鲜明地描述了现代性对人类社会和人本身造成的后果。

尼采在《善恶的彼岸》极为精彩地描述了现代性对人类社会和人本身造成的种种恶果，之所以如此，是由于价值理性在现代奄奄一息，而不讲是非的计算理性大行其道，导致世界的非理性，结果就是黑格尔说的，表现为世界的一系列对立的二元分裂。首先是人和自然的二元分裂，其次是人本身的异化，人除了追求财富和物质积累之外，再无生活的意义。黑格尔在《精神现象学》这部伟大的著作中分析到，苦恼意识是绝对在人的意识中缺席的，绝对即是中国人讲的天，西方人讲的上帝，苦恼意识丧失了一切的本质性，甚至丧失了自己对本质性的自我意识。就神人关系而言，则是神人无限分裂，神弃人而去，人不再有超越的根据。神人分裂是世界分裂的表征。现代世界是一个分裂的世界，精神和物质、灵魂和肉体、信仰和理智、自由和必然都是分裂的，所以黑格尔说我一生的任务就要解决这个分裂，当然他解决不了。

在现代社会当中，人产生异化，也就是人变得不像人了，或者说离开了人的本质，失去了生命应有的整体性。首先人被剥离出来，不再有希腊人那样丰富的生活。人与人之间的关系是外在的关系，希腊人的认同感特别强，中国人也是如此。古代的中国人生下来首先认定我是哪一个家族的成员，从他自己的姓可以表征，籍贯也是社会认同的标志，一个人家乡就可以成为标志，这表明人是有血有肉的，是扎根在群体当中的。现代人正在远离这种认同，慢慢走向个人主义。

鲁迅有一篇小说《伤逝》，小说描写的是反对封建包办婚姻。这反映中国人刚刚接受现代性时的一种信念，个人自由了，我是我自己。可是毕竟最后自己选择的婚姻也很失败，原因很多。在现代公司里面，你会发现很多人离开了家乡、家人，生存的环境由熟人社会变成了契约社会，这不仅仅是外在事实的变化，而且是个人认同上的问题。个人与群体的关系只是外在的关系，很少再想我与其他人是一个共同体，还有水乳交融、同根相生的关系，这就是人的异化。荀子自问自答，从自然禀赋上来讲，有很多动物强过人类，跑得快、跳得远、爬得高，人类都不是最好的，为什么人类胜出了？他的答案是我们人是群体的动物，包括物质和精神两个方面，正是因为群体让人类获得了超越其他物种的力量。我们今天看西方小说、电影，都能够感受到现代人的孤独感，个人如何孤独，得不到大家的理解，成为一种流行的表现主题。这在古代是很少的，也不会如此刻骨铭心地感觉到孤独，觉得没有什么话可以跟别人真心地讲，这是第一个问题。

第二，工作对个人来讲成了一个过分专业化的活动，而不是说工作就是我个人存在方式的一部分，工作就是一个专业。

第三，宗教不再是集群、社群集体生活的一部分，而是被内在化、个人化，只是满足个人内心的需求。

第四，理性变成了纯粹的工具，不再是整体自我更深的精神和生命的资源。

第五，个人的实践生活被公立的规范所支配，艺术与美成了纯粹审美意义上无聊的奢侈和无用的事。在古代大家知道，艺术要表现天道，而现在艺术成了一种投资的手段和赚钱的工具，完全被异化了，所以现在也很少再出现能够让我们非常感动的艺术。我们现在讲艺术家，是讲他的技巧掌握得恰到好处，很少说他把艺术内在的生命力用一种发自肺腑的方式表达出来，让我们营造一个世界，让我们和艺术的生命能够融合在一起。艺术评论都是冷冰冰的技术上的分析，完全没有把艺术看作我们人对自己生命最深切的关怀。人本身不再是目的，而是异化成了追求财富的手段。

这就是我们讲的现代性的异化，人们把不重要的事情变成重要的事情，而在追求这些不重要事情的过程当中，又把自己给放弃了，变成了一个工具，变成了一个运作机器整体中的齿轮和螺丝钉，这是最可悲的。现代世界的种种不幸和悲剧从根本上来说都和现代性有关，所以西方思想形成了一个批判现代性的强大的传统，几乎所有伟大的现代西方思想家都程度不同地对现代性持批判态度，即便是那些从整体上来说维护现代性价值的人。虽然他们认为现代性还有很多的潜力没有发挥出来，但是也会对其负面的东西进行不遗余力、非常尖锐的批判。

下面我们要稍微花一点儿时间讲一讲中国的问题。中国现代历史的特殊性，一方面使得中国现代性问题有其特殊性，另一方面也使得中国人对待现代性的态度较为特别。中国近代的历史可以用"落后挨打"四个字来概括，为了挽救民族危亡，为了人民幸福，建立一个繁荣强大的现代中国成了全民的共识。这成了中国人一百多年的艰苦奋斗最强大的动力，但是就像一开始讲的，在这个过程中一直没有区分现代性和现代化，往往将二者混为一谈，这就使得在中国批判现代性非常困难，谁批判就会被误以为是反对现代化。中国现代性的问题在我看来，是对现代性毫无批判意识。近代以来虽然也有不少思想家对现代性问题有警惕、怀疑，但是总的来说，由于没有明确区分现代性和现代化，使得现代性问题在中国都不能得到正确的认识。中国现代化还未完成，现在讲批判现代性是不是过早了？这个理由我碰到很多次了。在中国现代化进程已经取得具有世界历史意义成就之时，我们理应对现代性的问题保持清醒的自觉意识和明确的批判态度。

我们首先要关心中国的现代性，中国现代性的一个特殊的表现就是毫无怀疑地接受西方现代性所形成的历史观。美国一个著名学者说现代性不是一个概念，它是一种叙事类型，在现代性这种叙事类型的描述下，世界历史是单线发展的，由野蛮到文明、由落后到进步的历史。人类从远古以来从未停止过朝着所有人都在某些理性法则上达成一致的目标前进。西方历史，尤其是近代以来的西方历史代表了理性前进的历史进程。

我举两个对中国近代思想有重大影响的例子。鲁迅在他的文章里面有写过，他说由事观之，欧洲19世纪其全部优于亚东（即东亚）。在陈独秀看来，中国古代不能够说没有文明，但是他认为只有西洋文明才能够算是现代文明，主要是三件事情：第一，人权说；第二，生物进化论；第三，社会主义。他说近代文明的特质是变古之道，而使社会焕然一新，从此走上了新的道路。这个对西方近代文明特色的总结还不错，但是一旦把西方文明等同于现代文明的话，也就意味着承认西方的历史观。东方属于古代文明，西方属于近代文明，这样的文明观使得我们中国人一百多年来一心一意走全盘西化的道路。我在去过以色列后非常感慨，以色列的创新能力在全世界是排前三的，仅排在美国和日本之后，然而它又是极其传统的社会。我们在纪录片中看到，夏天35.6摄氏度依然有人穿着厚重的大衣，传统的以色列国民认为这是考验自己信仰是否坚定的标志。我还到一位拉比家里去体验他们的晚餐，拉比生了8个小孩，你去听他谈对家庭的感觉和定位，和我们父母那一辈人的家庭观是一模一样的。那位拉比告诉我们，孩子再大，每个星期一定要回他父母家，只要父母在世，一定要回父母家去吃饭。很多传统的东西都保留着。他拿来一本犹太教的经书，就是《旧约圣经》的前五章，跟我们十三经一样，经文只是中间的一块，剩下的他说是几千年来一代又一代的圣贤学者的注疏，所以他说：我们有智慧，一代又一代写下来的圣贤经传，我们不断地在读。生活当中碰到很多问题，我们就拿出来读，他说这些对于我们来说是很有用处的。我个人认为，传统和现代结合得比较好的国家发展才较为稳定。

钱穆先生最后一次在台北给研究生上课，上完课他彻底退休了，他最后讲的一句话很辛酸，他半开玩笑地说，我是在给外国人上课，他的意思是学生们的长相都是中国人，想问题的方式却不是中国的。

我们中国对传统的否定其实还有另外一方面，对自己没有信心，这没有信心又可以表现为另外一个极端，假装有信心，其实拿不出任何足以匹敌别人的东西。因为现代性的一些基本的原则，比如说理性化、世界祛魅和世俗化，都和前现代很多的思想原则和价值取向是针锋相对的。但是在西方，对传统价值的颠覆和抛弃是逐渐发生的，并且总是不彻底的，因为西方各国的现代化进程是一个自然发生的过程。中国向现代化转型是 19 世纪西方大规模入侵造成的，一下子打断了我们原来的进程，中国人在走投无路的时候，选择了一条新的道路。为了实现现代化，可以不顾一切代价，包括牺牲传统。

急剧发生的现代化转型也使得我们好像无法从容取舍，以至于在很长的一段时间里，传统和现代是不相容的，抛弃得越彻底越好，殊不知传统当中有中国人几千年以来安身立命的东西，比如传统的价值、历史的意义、审美的体验，等等。

我们只知道欣赏功利方面的成功，却不知道功利外的东西也许更重要。这样我们就在人和自然的关系、人和人的关系，以及自己和自己的关系上都出现了很多的空白。工具理性是不要讲价值的，要讲也只有一个价值，那就是经济价值，形而上的价值是不成立的，工具以外的价值也是不被承认的。

梁启超是较早认识到现代性问题的人，他认为，现代人面临两大问题，第一个是精神生活与物质生活之调和的问题。现代的人除物质问题外无余事，这是科学勃兴的结果，使得物质畸形地发展，而其权威亦猖獗。当然，这不能仅仅归因于物质科学，也由于人心。"近代欧美学说，无论资本主义者流、社会主义者流，皆奖励人心以专从物质界讨生活，所谓以水济水、以火济火，名之曰益多，是故虽百变其途，而世之不宁且滋甚也。吾侪今所欲讨论者，在现代科学昌明的物质状态之下，如何而能应用儒家之均安主义，使人人能在当时此地之环境中，得不丰不觳的物质生活，实现而普及。换言之，则如何而能使吾中国人免蹈近百余年来欧美生计组织之覆辙，不至以物质生活问题之纠纷妨害精神生活之向上。"第二个问题是个性与社会性之调和的问题，这个问题在现代变得特别尖锐："吾侪当知古代社会简而小，今世社会复而庞。复而庞之社会，其威力之足以压迫个性者至伟大，在恶社会之下，则良的个性殆不能以自存。议会也，学校也，工厂也，凡此之类皆大规模的社会组织，以个人纳其间，眇若太仓之一粟。吾侪既不能绝对的主张性善说，当然不能认个人集合体之群众可以无所待而止于至善。然则以客观的物准整齐而划一之，安得不谓为持之有故，言之成理？彼含有机械性的国家主义、社会主义，所以大流行于现代，固其所也。吾侪断不肯承认机械的社会组织为善美，然今后社会日趋扩大，日趋复杂，又为不可逃避之事实。如何而能使此日扩日复之社会，不变为机械的，使个性中心之仁的社会，能与时骈进而时时实现？"

我到新西兰去旅游，突然看到高速公路底下停着好多车，而且像我以前在农村一样，四面八方小路上都有人朝那个方向走，像赶集一样络绎不绝。我问导游这是干什么，他说在这个地方有个二三流的歌星要开演唱会，他说新西兰的人太无聊了，好不容易在这里有这么一个活动，大家都从很远的地方赶来聚会。物质生活丰富的同时，人的精神生活却在萎缩。

西方现代性思想传入中国以后，清醒的对现代性问题的反思越来越罕见，然而随着中国社会越来越现代化，随着我们思想的成熟，现代性的问题，也会变得越来越让人无法忽视。

我自己在大学里面感觉到这十年明显跟以前不一样，无论是同学，还是其他人对这个问题越来越有想法。在这样的反思下感到很痛苦的大有人在，的确跟以前是不一样了。我们现在经常提到的信仰危机、道德危机、生活缺乏意义、科学主义的迷信盛行、环境生态危机、传统危机等等，无不是现代性必然产生的问题。反思现代性的问题，可以让我们对上述危机的思考不只流于形式，而能够从本质上推动事物的改善，产生更加积极的结果。

我今天就讲到这里，谢谢大家！

中国经济改革与新供给主义

苏 剑[*]

我简单介绍一下"中国经济改革与新供给主义"。

作为新供给主义的核心内容之一，供给侧改革是宏观调控的工具之一。实际上，在当今的宏观经济学领域，要不要宏观调控都是有争论的。就这个问题的回答，到现在为止经济学中分两派，一派是经济自由主义，一派是国家干预主义。经济自由主义就是老百姓自己能把自己的事情处理好，所以不需要国家来干

* 苏剑，北京大学经济学院教授，博士生导师，布兰戴斯大学国际经济学与金融学博士。北京大学经济研究所常务副所长，北京大学外国经济学说研究中心主任，中国特色社会主义政治经济学论坛副主席，中华外国经济学说研究会常务理事。著有《新供给经济学：理论与实践》《内外失衡下的中国宏观调控》《宏观经济学（中国版）》等著作及大量学术论文和政策分析文章。

预，尤其市场经济当中，有的人想赚钱就要生产消费者需要的东西，所以为了让消费者愿意买他的东西就必须保质保量地生产好。这种情况下一个生产一个买，双方之间就可以解决问题，这个情况下就不需要政府来干预，完全通过老百姓自愿交易活动就可以把问题解决，这是市场经济的基础。

按照这种经济自由主义思想，在市场经济下，市场能够解决所有问题，政府在这个时候的职能是为市场交换提供良好的平台，包括法律环境、市场体系、保证公平交易，当然还包括国防，政府只需要提供这些。至于在国内、在这个平台上买卖双方怎么做是买卖双方的事情，价格由双方侃出来就行了。

国家干预主义之所以有人认可，就在于在有些人看来，经济中有一些企业家或者是资本家总是唯利是图，在这个过程当中可能会采取一些办法伤害其他人的利益；或者经济中存在一些缺陷，比如各种各样的市场失灵从而导致市场的功能无法正常发挥，所以就需要政府来干预，保证经济能够比较好地运行。

20 世纪 30 年代，西方国家出现了一次经济危机，这就是著名的"大萧条"。那一次经济危机非常严重。在此危机之前是经济自由主义占上风，危机之后国家干预主义占上风了。因为大家发现在大萧条中经济是自己恢复不了的，必须政府干预，使经济从大萧条里面走出来，这样就导致了国家干预主义出现，一直到现在世界各国在宏观调控方面都采取国家干预主义的思想。

中国的情况又不一样了。新中国成立之后中国政府想尽可能快地发展中国经济。在这个情况下就向苏联学习，认为苏联在计划经济的体制下经济发展非常快。

十月革命成功之后，苏联继承了沙皇俄国，刚从第一次世界大战当中走出来，这个国家不管军事实力和经济实力都是相当弱的，然后就开始了社会主义计划经济。当时苏联发展得非常快，从 1917 年到 1941 年，20 多年的时间，就成为一个相当强大的国家，最直观的表现就是在第二次世界大战中，在英国、法国这些老牌资本主义国家都被德国打垮的情况下，苏联抵挡住了德国的进攻。

当时苏联的工业体系生产出来的军火很大程度上保证了卫国战争的需要，所以从这种情况看来，不管是经济上还是军事上，英国、法国本来是比德国、俄国都强大很多，但是苏联实行计划经济之后只用了 20 多年的时间就达到这种程度，可以说表现非常抢眼。第二次世界大战之后苏联成为落后国家的一盏明灯。大家觉得不错，要振兴国家、要发展经济还是计划经济好，于是包括中国在内的一大批世界落后国家都采取了计划经济，走上了社会主义道路。

当时的社会主义道路有三个特点，就是"计划经济＋国有制＋按劳分配"，这被认为是社会主义三位一体的特征。后来我们实行改革开放迈入市场经济，不再把计划经济作为社会主义的根本特征，认为社会主义可以搞市场经济。

新中国成立后，中国就全面实行计划经济，计划经济的结果大家都有体会，就是国民经济在 20 世纪 70 年代中后期到达崩溃边缘，安徽小岗村的改革就是在这种背景下出台的，当时这个村如果不改革大家就都饿死了。

现在回过头来可以看到的是，当时实行计划经济的国家到后来没有一个经济不崩溃的，苏联崩溃了，东欧的社会主义国家也崩溃了，现在的朝鲜以及越南等都一样，当然越南也开始了自己的改革，学习中国特色社会主义。这样在中国就开始了一场从计划经济到市场经济的变革，刚开始在西方国家是从经济自由主义向国家干预主义过渡，而中国却是从国家干预主义向经济自由主义过渡，这30多年改革开放就是中国经济自由主义越来越占主导地位的过程。十八大的文件中说"让市场发挥决定性的作用"，这实际上就把经济自由主义作为中国经济的主要指导思想，国家干预主义慢慢往后退。

大家可能注意到林毅夫和张维迎的争论。张维迎说"产业政策就是计划经济的一种存在形式，产业政策就不该有"。假定制定这个产业政策的人比企业家更了解经济、更了解怎样经商，这是不可能的。譬如中国产业发展的方向是什么？没有人知道。下一步科技创新会出现在哪？谁也不知道，在这种情况下偏偏让政府官员做产业规划，那么他规划出来的方向一般情况下肯定是错误的。当然他还强调了即使能够做到这一点也还受到了政府官员个人利益的约束，可能更多地追求个人利益就会导致产业政策更加扭曲。当然还有企业家本身，可能会为了短期利益追随产业政策进行投资，一旦产业政策退出就可能遭遇损失，造成巨大的浪费。

林毅夫认为"产业政策是需要的"，为什么？因为在他看来，作为一个发展中国家，张维迎所说的那些问题虽然也存在，但是要弱得多。比如说对于美国来说下一步科技创新从哪出来？确实不知道。产业升级下一步往哪儿升？确实不知道，这个时候让政府官员规划确实做不到。但是对于中国来说，中国经济很落后，科技也很落后，作为一个发展中国家，离世界科技前沿还有相当一段距离，所以接下来产业升级的方向非常明确，一般情况下不会出意外。他的一个比较突出的或者是比较著名的建议是每一个发展中国家就盯着比自己国家人均 GDP 高 1 ~ 2 倍的国家就行了。譬如中国现在人均 GDP 是 8000 美元左右，那就应该盯着人均 GDP 处于 16000 ~ 25000 美元的国家，这些国家现在的主导产业就是中国经济下一步发展的方向。

张维迎和林毅夫这两个人争论得很激烈，而且在经济学界已经引起一场非常大的争论。其实在我看来这两个人之间真的没有多少矛盾，一个是说的发展中国家，林毅夫是研究发展经济学，张维迎是把发达经济拿来说。在林毅夫看来，作为落后国家，下一步往哪里走非常明确，也没有什么问题，模仿就行。一旦发展中国家到达世界科技前沿了，产业政策做起来确实就非常难，政府官员确实做起来不如企业家，但是从落后国家发展的阶段来说，下一步产业升级的方向很明白。这里面隐含一个前提假设就是产业是由发达国家逐步往次发达国家，最后再往发展中国家慢慢转移的。发达国家现在的产业是高端产业，但是如果有了新的、更好的产品那么它就可以产业升级，但是新产品从哪里出来发达国家是不知道的，如果有了就会生产，产业升级后现在的产品就会被淘汰，会转移到比它稍微落后的国家，次发达国家的产业会往发展中国家转移。逐步转移的过程当中越落后的国家，对未来产业升级的方向就越明白。

我们知道一个小孩子，三年级该学什么知识、四年级该学什么知识都很清楚，在座的大人都是成人，知识都差不多，下一步学习什么确实不好说清楚，但是对小孩子来说下一步怎么发展很明白。所以在我看来林毅夫和张维迎两个人之间没有什么矛盾。

计划经济和市场经济是两种经济组织方式。计划经济会导致商品短缺，市场经济会导致产能过剩。当年马克思说"资本主义会出现生产过剩危机"，这不是近几十年发生的事情，一百五六十年前就出现这种情况，只要是市场经济最终就会出现产能过剩。道理很简单，市场经济下所有资本家都是唯利是图，只要想赚钱就会一直扩大生产，扩大生产的结果就是产能过剩。计划经济下所有活动都是由中央政府规定好的，生产出来的东西对每一个普通老百姓来说、对任何企业来说自己拿不到手，生产的成果归国家所有，所以没有个人利益的驱动，就会成为商品短缺的社会。

不同的经济形式就要求不同宏观调控。计划经济下由于商品比较短缺，所以计划经济下的宏观调控具体措施就是要促进供给、紧缩需求。在座的年龄稍微大一点的人可以回忆一下，在20世纪80年代之前就是抓革命、促生产，促生产就保证供给，还反对浪费。毛主席说了"浪费是犯罪"，需求紧缩，能少消费就少消费，尤其不能浪费，还要保证供给。市场经济下的问题是产能过剩，企业一直生产产品就卖不出去，这个时候就鼓励大家消费，甚至鼓励大家去浪费，这个说起来有一点讽刺，确实市场经济就是有这个意思，大家哪怕浪费都可以。

凯恩斯写过一个故事，是蜜蜂的故事，道理就是如果这个社会里面大家都花钱大手大脚，社会就会繁荣。你们大手大脚花钱他就会赚钱，如果他赚钱了大手大脚花钱买你东西，你也赚钱，就形成良性循环。如果你不花钱他也不花钱，你的东西卖不出去，他的东西也卖不出去，这就形成恶性循环。

在产能过剩情况下要解决问题，一个办法是扩大需求，另外一个办法就是压缩供给。中国现在去产能，也就是压缩供给。但这种做法在外国是不行的，这条路是不可取的。说得严谨一点，就是政府通过政策来去产能是不可取，因为在国外私有产权保护得比较好，这个企业是个人的，政府凭什么把企业关门？个人只要不害怕亏损，关政府什么事情？但是中国政府力量比较强大，而且很多是国有企业，政府想要关哪个企业是有可能的。

实际上，要通过政府政策压缩供给也不是不可能，这就需要通过另外一个形式。所谓产能过剩是在现有的劳动就业条件下和现有的制度下才出现的。譬如现在中国产能过剩了，中央通过一条法律规定工人每天工作 6 小时而不是工作 8 小时，每天少工作两个小时产能就压下来了，多两个小时大家可以去看电影、看书，是提高大家福利的，这个是可以的，这也是一个趋势。你想一想一百多年前马克思著作里面说工人每天工作 14 个小时以上，现在不是 8 个小时工作制吗？以前每周工作 6 天，现在每周工作 5 天了，这都是压缩了劳动时间，提高劳动者福利的事情，这是好的，这是可以的。但是现在去产能往往不是这样干，而是让一些企业直接关门，这样很多人就不开心了，而且这里面会导致很多严重的寻租行为。

根据目前主要的宏观调控理论和手段，在西方国家因为压缩供给不可能，所以说西方国家解决产能过剩的手段就是扩大需求。宏观调控目前针对的问题是产能过剩，这个要心里明白，如果针对商品短缺那个宏观调控完全是另外一回事，中国现在面临的是产能过剩的问题。产能过剩的情况下以扩大需求为主，针对的问题当然是产能过剩，需求侧很重要。产能过剩情况下没有需求侧的增长就没有经济的增长。这个时候你开足马力生产东西老百姓不可能都买掉，这个时候老百姓能买多少东西你就生产多少东西，这种情况下需求决定经济的产出和增长。

在商品短缺的情况下，譬如计划经济下那个时候供给决定产出和增长，这跟产能过剩是两回事。问题是现有需求侧管理的缺陷很严重。凯恩斯的政策是现在世界各国所采取的主流政策，它是现有的宏观经济学强调的宏观调控政策，是现在正统的宏观调控政策，也是世界各国宏观调控当局能够采取的唯一的手段。但是这有一个非常大的问题，如果长期采用这种政策，会把经济引入绝境，这听起来很悲观，但的确是这样。

讲一个故事，1920~1933年，西方国家出现了大萧条。大萧条期间问题多严重？1929~1933年美国工业生产下降了46.8%，美国的失业率在1933年的时候高达25%，也就是说四个人里面有一个人失业。当时的美国和其他国家还没有社会保障政策，没有失业救济、医疗保险，等等，可想而知一个家庭里面如果没有人工作的话生活就非常凄惨，当时美国、英国、法国、德国等资本主义国家都陷入大萧条了，当时大家都在想着怎样应对大萧条。

很多学经济的都知道罗斯福新政，罗斯福新政就是针对大萧条。罗斯福新政对于大萧条确实起到一定的作用，但是效果没有大家后来说的那样好。实事求是地说，当时世界经济从大萧条走出来，应该归功于希特勒。当时希特勒和罗斯福两个人几乎是不约而同地采取了同一种类型的政策，就是后来凯恩斯提出的财政政策，只不过两个人采取政策的时候所处的国家政治体制不同导致了大不相同的效果。

当时希特勒宏观调控的效果有多好呢？到现在70多年过去了，没有人能够望其项背。1933年是大萧条最严重的时候，当时德国的问题更加的严重，因为德国当时是第一次世界大战的战败国，每年还要向战胜国赔款，一方面面临大萧条一方面还要赔款。这个时候希特勒上台了，他怎样应对这个经济局面？他的应对方式就是国家刺激需求甚至直接购买企业生产的产品。企业生产大炮政府买、企业生产面包政府也买。另外，失业者没有事情干，政府举办一些公共工程，失业者就有工作了。当今世界上第一条现代化的高速公路就是德国修出来的，高速公路的鼻祖就是希特勒。

希特勒出台了一些鼓励消费的政策，当然有些政策是从供给侧着手的。他说"汽车厂应该生产出普通大众可以买得起的汽车"，于是"大众"这个汽车品牌就从此诞生了。所以现在经济当中还存在着希特勒的痕迹。希特勒1932年上台，到1939年的时候仅仅不到7年的时间，德国就从当时欧洲的贫穷国家变成了欧洲经济上、军事上最强大的国家，1939年发动了第二次世界大战，把整个欧洲打得很惨。可想而知，这7年的时间德国经济发展有多好！希特勒发动第二次世界大战前德国人真是对他十分崇拜，他的威望非常高。

希特勒宏观调控能力这么强、效果这么好，最后他发动了第二次世界大战。战争一爆发，英国、法国这些国家的失业问题就被解决了，年轻小伙子被送上战场，各个国家开始开足马力生产各种军需品，不仅没有了失业问题，还出现了劳动力短缺，只好把家庭妇女都找出来干活。就这样还不行，英国、法国这些国家还把订单送到了美国，于是美国企业开始生产，于是全世界的失业问题就都被解决了，所以后来有一个美国著名经济学家说了一句话："希特勒在解决了德国的失业问题之后，又马不停蹄地替他的敌人解决了失业问题。"所以，从某种角度来看也可以说把世界从大萧条当中挽救出来的是希特勒。

1939 年的时候美国经济是怎样？罗斯福搞了一个新政，但是罗斯福当时受民主政治的约束，很多事情希特勒可以做他做不了，所以宏观调控的效果相当差。1939 年第二次世界大战爆发的时候，美国的失业率比 25% 已经好很多了，但还是高达 11%。美国的 GDP 和工业生产 1939 年的时候还没有恢复到 1929 年的水平。所以，从宏观调控的效果上来说希特勒比罗斯福做得好很多。

我刚才说了，这个政策会把经济引入绝境。那么，希特勒从经济层面来说做得这么好，怎么把经济引入绝境了？希特勒的政策里面有一个非常严重的缺陷，就是采取了大规模财政政策，包括政府举办各种公共工程，于是马上引出一个问题：他的钱从哪里来？对于政府来说，钱无非有这几个来源：加税、借钱、印钞票。对于希特勒来说，除了借钱以外，其他两条途径都不可取。因为当时的德国经济很差，无法加税；而如果印钞票则会导致通货膨胀；于是只剩下了借钱这一条途径。希特勒当时的确借了一些钱，主要是借国外的钱，包括华尔街，但借的钱远远不够。于是他采取了第四个办法：抢！抢谁？当然是谁有钱抢谁的，没钱的人抢不来，所以杀了600万有钱的犹太人，抢了很多钱。国内抢完了就抢外国的，于是第二次世界大战爆发了，当然第二次世界大战爆发有很多原因，从经济原因上来说不能否认有这个因素。

另一个结果就是政府债务规模越来越大。目前，美国政府债务占GDP的比例达到100%，中国中央政府和地方政府债务加在一起占GDP的70%，日本占GDP的250%，希腊爆发债务危机的时候债务占GDP的比例是130%。现在日本已经250%，但是还没有爆发危机。我个人认为日本爆发债务危机是迟早的事情，据说日本的国债是日本银行和老百姓持有，希腊是外国老百姓和外国银行持有，所以希腊债务比例达到130%时就爆发危机而日本到现在还没有爆发。财政政策如果在一个好的政治体系里面是一场债务危机，在一个差的政治体制里面那么可能就是一场对少数人的剥夺，甚至是夺命，生命都被剥夺的局面，就要把社会和经济引入绝境。

货币政策也一样。这段时间整天喊着美国加息，为什么加息？因为原来降息了。为什么降息？因为经济衰退了。实际上从2008年美国危机爆发到现在宏观经济学受到很大的批评，前几天有一位国际知名的宏观经济学家在发表演讲的时候说了一句话，他说"宏观经济在最近三十年是倒退而不是进步"，他对宏观经济学的发展表示非常失望。其实我也有同感。

　　这次美国金融危机是怎么爆发的？看看货币政策。假定现在利息率10%，现在企业家已经没有人愿意投资了，企业家不投资经济就衰退，政府想要让企业家投资，就考虑通过货币政策降息，利息率10%的时候政府告诉企业经济中的预期收益率9%，企业家就不会投资。此时如果政府把利率降到8%，企业家就可以投资了，因为多少可以赚一点。随着利率的降低，企业采取的投资项目的预期收益率就越来越低，投资的质量也就越来越差。假设企业家投了一个项目，预期收益率2%，现在政府把利息率提高3%，这些项目就亏损了，如果规模大，金融危机就会爆发。美国金融危机就是这样爆发的，当年美国使劲往经济中投放货币，基准利率从6.5%一直降到1%，这1%左右的利率整整持续3年，刺激出来的是什么投资呢？住房投资。谁的住房投资？贫穷家庭的住房投资。这就是所谓的次贷危机的来源。

　　那些家庭刚开始要么因为信用记录不好，要么是因为首付拿不出来，所以得不到贷款，得不到贷款就买不起房子。于是美国银行就降低贷款条件，给穷人发放贷款，他们就可以买房子了。当时美国贷款程度降到什么程度呢？当时的美国银行通过种种变通办法，把首付几乎降到了0。当时放贷条件放松到这个份上，后来想想出现次贷危机一点儿也不奇怪。

　　你想想，利息率1%的时候很多人买了房子。到2004年美国增长率3.5%，于是美国经济就过热了，按照凯恩斯主义的办法经济过热就是需求过旺，那么只要降低需求就可以了，于是美联储就加息，利息从2004年6月到2006年6月，从1%加到5.25%，于是收入水平较低的家庭马上就付不起月供了，于是次贷危机就发生了。这就是货币政策的危害。

目前主流宏观调控理论和手段都是以扩大需求为主，而需求管理最重要的就是财政政策和货币政策，这是它的最严重缺陷。

说到这里大家是不是觉得很悲观？这几年世界上债务危机不断，金融市场就没有安宁过，这就是凯恩斯政策主义的危害。为什么金融市场没有安宁过？中央银行往实体经济当中大量投放货币，这些钱最后会到老百姓手里，问题是老百姓拿着这些钱干什么？买东西吗？如果这些钱进入实体经济也可以，但是实体经济没有好的投资机会，企业不需要贷款，对于普通消费者来说又没有好的消费热点，买什么？于是往经济中撒的钱一个个流到虚拟经济当中，在虚拟经济里面打转转。

以中国经济为例。2008 年 6 月份中国货币总量 40 多万亿元人民币，2015 年初 120 万亿元人民币，8 年时间翻了两倍左右。老百姓手里拿着钱干什么用？对于老百姓来说，如果不投资的话这个钱就会贬值，因此保值增值对老百姓来说就是正常需求。这种情况下这么大规模的货币，这个经济里面只有两个市场可以容得下或者是可以吸收掉：那就是股市和房市。房市流动性太小，一时半会起不来，于是有人跟你说股市有行情，这叫资金牛。然后接着说三中全会开过了，要全面深化改革，四中全会开过了，要全面推行依法治国，你看看我们国家要改革了，中国经济和社会前景以后会非常好，这对股市来说叫改革牛。证监会现在开始放松对杠杆的管制了，你可以贷款炒股了，这叫杠杆牛。于是一大堆牛都出来了，告诉你可以炒股了，如果说再有一个官方或者非官方媒体跟你说 4000 点才是中国牛市的起点，于是大家就冲到股市。股市到 5000 点，政府就心慌了，因为政府希望的是股市慢涨，是慢牛，但是股市成为疯牛了，政府就害怕了。当时面对股市政府心慌了，老百姓也心慌了。老百姓为什么心慌？股市起来了，但实体经济一点儿起色也没有，这么高的股价没有基本面做支撑，谁心里会有底？两方面都心慌，于是股灾就出现了。这个时候，有的人赔了，有的人赚了，但是钱还在经济里面。我刚才说了，只有两个市场可以吸收这些钱，一个是房市一个是股市，股市不行就进房市，于是房价就涨了。最终结果是，在现代经济里面只要是凯恩斯主义政策在这里面作怪，最终都是虚拟经济剧烈波动，躲不开。各国都如此，中国也一样，不例外，这就是它的缺陷。

那还有没有救？有的！从长期来看，要保证经济的健康持续增长需要优质需求的增长，说"优质需求"这四个字的时候，其实就暗指凯恩斯主义货币政策和财政政策刺激出来的需求是劣质需求，最终它把经济引向绝境了。什么可以把经济引向健康、持续增长的路径？这就是要给经济提供优质消费需求和优质投资需求的政策，优质消费需求是可以给消费者带来更多效用的消费需求，就是不要浪费，吃的每一口对你来说都是有用的，都是值得的，这是优质需求。优质投资需求就是可以为投资者带来更高收益率的投资需求，譬如现在利息率10%，此时政府不是降息，而是给企业提供了一个更好的项目，譬如预期收益率20%的项目，企业投了，就算最后利率上升到15%企业也没有事，企业大不了少赚一点。此时经济是健康的。

这种需求出现的关键就是产品创新。现在大家谈起科技创新的时候，一谈就是把产品创新和工艺创新混为一谈，从经济学意义上来说这是错的，很遗憾现在大家都这么说，它错在哪里？你要知道产品创新扩大的是需求。比如，没有手机的时候大家想不起消费它，有人发明了手机，大家都觉得这个东西很好，于是都很喜欢买手机，这就形成新的消费热点，这个时候它便利我们的生活，它就是优质的消费需求。通过它拉动经济就是经济的健康增长，与此同时这么好的东西作为一个企业生产它能不赚钱吗？于是生产它预期收益率很高，这种投资就是优质的投资需求。所以产品创新拉动的是需求。工艺创新呢？工艺创新提高的是企业生产效率，促进的是供给。想一想如果需求没有增长，但是供给增长了，或者如果没有产品创新只有工艺创新，那意味着什么？意味着产能过剩更加严峻，道理很简单。

我今天讲的是供给侧的东西，为什么在这里讲半天需求？其实我这里隐含一个东西，就是过分强调供给侧有问题！面对产能过剩只有需求增长经济才可以增长，在没有需求增长的情况下你一直扩大供给或者是提高供给侧的效率最终的结果是产能过剩更加严重，问题就在这里。

要想让经济持续健康发展必须有足够的产品创新，这就是结论！

因此，目前世界经济面临的问题是科技创新下滑，尤其产品创新不足，经济中没有好的消费热点。没有消费热点的时候老百姓消费愿望就不强，你给他钱他会增加消费吗？会的！但是增加消费力度不大，如果有消费热点，消费增速就可以很强劲。在座很多人体会过。20 世纪 80 年代中后期中国城镇居民当时消费很狂热，18 寸彩色电视机紧缺到什么程度？需要凭票买，一张票在黑市价钱是 1000 元，彩色电视机本身价格 1800 元左右，这就是消费热点的作用。电视机、电冰箱、洗衣机把中国经济拉动了很多年！所以产品创新可以搞一个新的消费热点出来，这样经济马上就起来了，而且绝对是健康的，优质的消费品是老百姓确实需要的东西。

但每一个产品都有它的生命周期，刚出来的时候还是一个消费热点，对老百姓来说很满足，所以是优质消费品。一旦它把老百姓的基本需求满足了，再给老百姓这个消费品就是劣质消费品了，虽然物理性质上还是一模一样。这就跟手机一样。现在在座大家每一个人都有手机，没有手机是不行的，有一个手机马马虎虎用了，如果再给你一个手机，也不是不行，可能两三个号，如果再给你第三个手机？就是累赘了，就是劣质消费了，你不需要了。也就是说经济随时都需要有新的消费热点出来，需要有新的消费品。结果呢？有消费热点才可以保证经济持续、健康地增长。

所以需求管理这一块我们的政策应该从凯恩斯主义政策往产品创新方面去转化，这就是我提出的创新支持政策。

我刚才说了，当今世界经济缺乏消费热点，科技进步在下滑，这意味着什么？意味着全球市场已经增长有限了，只有新的消费热点出现的时候全球总的市场才可以增大。这种情况下总的市场规模就难以扩大，基本上是给定了，就意味着狼多肉少，市场份额就这么大，接下来大家就需要分这块蛋糕了。群雄逐鹿，最终鹿死谁手？最终是强者胜出，所以各个国家、各个企业都需要"强身健体"。就这么大的市场，大家就在这里抢份额吧！扩大蛋糕无望、分蛋糕就成为主要的经济活动，这只好靠供给管理。因此，供给管理，或者说供给侧结构性改革，不是某一个国家的事情，是全世界各国都在这样做，当然人家不叫供给侧改革。

就中国的供给侧改革而言，首先应该做的就是结构调整。对中国来说，现在中国老百姓到国外买东西，都买疯了，如果我们可以把这些东西生产出来，让老百姓在国内买得到，老百姓就不用出国买了。这通过结构调整可以解决。其次提高自身竞争力。狼多肉少所以要抢肉过来。所以德国就搞工业4.0，美国搞美国制造2020，中国搞中国制造2025，这些都是抢蛋糕的策略。所以全世界到现在都在强调结构调整，都在强调提高自身竞争力这个东西，都在搞供给侧管理，中国也不例外。当然中国跟那些国家有一些区别，或者有一些自己的特色，这是肯定的，但是总体上来说现在世界各国的宏观经济形势都这样。因为现在扩大需求，难度已经越来越大，往经济中使劲撒钱需求就是起不来，因为经济当中没有好的投资机会和消费热点，刺激不起来。这就是现在中国搞供给侧改革的大背景。

接下来谈谈中国经济的新常态。

供给侧结构性改革是2015年提出的，提出这个是为了应对2014年提出的新常态这样的经济形势。2016年初一位权威人士发表在《人民日报》上的文章指出，本届政府上台之后对经济形势有一个不断认识的过程，刚开始提出了三期叠加，然后提出了新常态，接着提出了供给侧结构性改革。他说"推进供给侧结构性改革是适应和引领经济新常态的重大创新"。那么，怎么理解中国经济的新常态呢？

现在中国已经进入新的发展阶段，已经是上等收入国家，按照购买力平价算，中国 GDP 是世界第一。新的发展特点需要从供给和需求两个方面来理解。中国经济进入新常态，新常态是什么意思？"新"的意思就是目前经济运行状态和20世纪二三十年代相比不一样，"常"是今后10年、20年里面会继续存在下去，所以叫"新常态"。新常态是大势所趋，在这样的大势面前就像大洪水一样，我们作为普通老百姓能做的事情就只有几件。第一件就是适应新常态。老百姓面对大洪水的时候首先应该做的就是逃命，逃命了之后再想能不能挽回一点儿损失，面对新常态也是一样。首先要适应新常态，然后再看能不能引领新常态。

新常态怎么来的？无非是需求侧和供给侧发生了比较大的变化，这样在目前这种情况下要引领新常态就必须从需求侧和供给侧着手。因而引领新常态其实既可以从需求侧着手也可以从供给侧着手，还可以两侧同时着手。当然现在中央认为重点是在供给侧，当然直到现在供给侧一直有两个重要任务，一个是转方式，还有一个是调结构，本届政府上台之前喊得最响的就是转方式，本届政府上台后是调结构。为此，中央提出了五大重点任务，但这五大重点任务都得靠改革来完成，于是供给侧结构性改革就这样被提出来了。

所以面对目前的经济形势，中共中央认为重点在供给侧，这是应对中长期问题的举措。这个肯定是没有问题，但是并不是说需求侧就不重要，实际上需求侧、供给侧各自重要不重要关键要看政策目标是什么。

下面介绍一下我本人理解的中国政府关于现阶段以及中国中长期的经济发展理论，这是我本人根据我对中国经济的研究以及我对中央的一些理论推演出来的，不一定对。这个理论的核心就是中国经济的新常态。面对经济新常态，首先适应新常态，其次才是想办法引领新常态。新常态下经济运行特点有些和以前不一样，不一样的情况下有些特点是我们喜欢的，有些是我们不喜欢的。不喜欢的那些我们希望通过引领新常态要么消除掉，要么缓和一下。

此前 30 多年改革开放一直是中国经济发展的原动力，今后30 年应该还一样，因为总书记也罢、总理也罢，在多个场合都说改革是中国最大的红利，学术界基本上也是这个观点。今后，改革、开放、创新将并列形成中国经济发展的原动力。这里面又多了一个创新，实际上改革、开放都是不同形式的创新，创新和这两个并列就意味着这里说的创新是改革和开放之外的其他创新，当然主要指的是科技创新。

为什么现在把创新与改革开放并列？因为此前这二三十年时间里中国科技水平离世界科技前沿还有相当长的距离，所以中国可以通过模仿、学习来实现技术进步，但是今后呢？随着中国经济的发展和科技进步，中国科技水平距离世界科技前沿的差距越来越小，最终结果是什么？你想学习也没有地方学了。譬如高铁，只能靠自主创新，所以今后创新就成为中国经济发展的另外一个原动力，此前这 30 多年靠改革开放，此后需要靠改革、开放、创新。

要引领新常态可以从需求侧出发也可以从供给侧出发，这个引领可以通过几大政策影响需求侧或者供给侧，也可以通过三大原动力先影响几大政策再间接影响需求侧和供给侧。

中共中央认为，在新常态下，宏观调控的重点是供给侧，供给侧重点在调结构，调结构搞出五大重点任务，要完成这五大重点任务需要靠改革，于是供给侧结构性改革就这样凸显出来了。然后，还可以把现在最流行的几个术语考虑进来，这三大原动力里面"改革"可以把"四个全面"引进来，"开放"可以把"一带一路"引进来，"创新"可以把"双创"引进来。

我们看中国经济的新常态，同样就需要从需求侧和供给侧着眼；导致中国经济出现新常态的原因很多，不管供给侧还是需求侧都可以找到很多原因，这里由于时间有限，所以就讲最重要的原因。

第一，供给方。供给方最大的问题就是人口问题。我认为，中国经济的新常态主要是人口和劳动力的新常态，这个话在这里说很多人可能觉得不可思议或者不好理解。最近两三年人口政策一直是全社会关注的问题之一，前段时间某省某市几个部门联名发了一个红头文件，要求家庭赶紧生二胎，而且干部要带头，这说明什么问题？地方政府都已经承受不了人口问题的压力了。人口问题已经成为影响中国经济发展最重要的问题、最根本的问题。

十年前我算过一笔账，我用每年的 20 岁人口数减去 60 岁人口数，20 岁人口数是新进入劳动力市场，虽然法定就业年龄是 16 岁，但一般都是大学毕业或者是技校毕业之后再工作。60 岁是退休的。我一算从 2011 年开始中国的劳动力就进入零增长区间，最严重的是从 2022 年以后每年中国新增劳动力是负的 1000 多万。这是什么概念？2022～2030 年，中国劳动力将减少一个亿，在有些人看来相对中国 13 亿人口来说这个可能不算多，但是你想想，当今世界总人口一个亿以上的国家有几个？就十来个。9 年的时间损失一个亿的劳动力，你要知道俄罗斯的总人口才 1.4 个亿，劳动力总数 8000 万，我们 9 年时间失去一个亿。

当时看到这个数据，我一下子想到的就是中国经济要完蛋了，看到这个数据的时候我对中国经济非常悲观，真的非常悲观。在研究中长期经济问题的时候，我们一般都关注经济的生产能力的增长，这种增长率被称作潜在增长率或者叫潜在增速。这个"潜在增长率"很重要，因为一个经济的总产出可能会高于它的生产能力，也可以低于它的生产能力，但是总会围绕它来回波动，不可能超出它的生产能力过多。就像一个人一样，这一年可以挣 20 万元，这是你的能力，当然这一年可能超常发挥或者加班加点赚了 30 万元，下一年可能业绩不好只赚 13 万元，但终归是围绕 20 万元波动，如果有能力赚 20 万元但一年想赚 200 万元，这是不可能的。对于宏观经济我们也研究生产能力及其增长率。一个宏观经济的生产能力决定于什么？技术水平、劳动力总量和资本总量，也就是说你的能力无非就决定于你的装备、你的人力还有你的技术水平。

从 2022 年起中国劳动力开始急剧减少。有人可能会说，你说从 2022 年每年新增劳动力是负 1000 万，这靠谱吗？绝对靠谱！大家想想，2022 年退休的人是 1962 年出生的，1962 年之后中国进入生育高峰，每年生育人口 2500 万以上，2022 年新进入劳动力市场的年轻人是 2002 年出生的，2002 年独生子女政策实行了 20 年，每年出生人口 1500 万左右，两个一减就是 1000 万。这 1000 万意味着中国劳动力从 2022 年开始每年减少 1.3%。按照我们的测算，中国的劳动力每增加 1 个百分点会使潜在增速提高 0.5 个百分点。现在是减少 1.3 个百分点，意味着中国潜在增速会下降 0.65 个百分点。问题到这儿还没有完，跟劳动力减少相对应的是人口老龄化。一个经济中最具有创新活力的就是年轻人，指望老头老太太去搞创新不太现实，因此老龄化的结果就是中国的技术进步率会降下来。当然这个依然还没有完。老年人一般是净消费者，像在座的都是有工作的，挣的钱多少都会存一些下来。而老人不一样，退休后理论上消费大于退休金收入，所以老人是净消费者，这意味着整个经济的储蓄率会降下来。储蓄率降下来投资也会降下来，资本增速同样也会降下来，所以人口和劳动力的变动从三条途径抑制中国的潜在增速，这会使中国潜在增速下降多少？第一条途径就是劳动力减少的影响可以进行定量测算，另外两个的影响没有办法进行定量测算，但是我个人判断，当然这纯粹是主观猜测，会使得中国的潜在增速下降 3 个百分点，这应是比较保守的。

2013 年以前中国的 GDP 增速是 9.6%，在此基础上往下拉 3 个百分点（6.6%），这不就是中高速吗？这不就是新常态的增长速度吗？我说下降 3 个百分点是保守估计，的确已经很保守了，你想想现在每年的劳动力只减少三四百万，增速就已经到了 6.6%、6.7% 了，2022 年开始如果每年减少 1000 万，这是一个什么情况？不可想象。所以问题就是这么严重，所以中国经济新常态主要是人口和劳动力的新常态，这是影响中国今后几十年的非常重要的问题。

当然从劳动力开始到达高峰再到下降，再到开始急剧下降，从而最终影响到中国的实体经济，这个过程是很复杂、很凶险的。

2013 年我写了一篇文章《中国房价泡沫破灭的时间和顺序》。有人可能会说，你怎么突然开始谈起房价了？因为房价对于理解中国宏观经济至关重要，因为房子一方面连着实体经济，它本身就是固定资产投资的一部分，另一方面连着银行，谁买房子谁贷款，结果呢？房子成为现在中国宏观经济里面最重要的因素。

判断房价的走势很重要。2013 年的时候我怎么判断？我说中国房价中长期看人口，短期看政策。为什么中长期看人口？道理很简单，房子是给人住的，没有人房子就不值钱了。所以当时我判断说，按照我们的研究，中国人口峰值会在 2018 年前后到来，所以中国房价峰值应该也是 2018 年。有人可能说，你这个想法有问题，如果人口峰值是 2018 年到来，理论上老百姓应该做出反应卖房子，那么房价峰值应该先于人口峰值到来。这个道理没错，但我的判断有两个前提假设，第一个前提假设是我们的预测结果是准的，第二个前提假设是老百姓不信。因为如果我们的预测结果是准的而且老百姓信了，老百姓自然会做出反应，但如果老百姓不信呢？那当然不会做出反应，但不管信还是不信，只要我们的预测是准的，2018 年中国人口峰值真的到了，它会通过各种途径反映在房价上，所以房价泡沫的破灭就来了。

有人可能会问，你怎么会做出这两个古怪的假定？因为当时我和我的合作者易富贤教授都是业余研究人口问题的，我是研究宏观经济的，当发现人口对宏观经济很重要的时候才关注人口问题，而易富贤他在美国本职研究领域是医学，所以我们两个都是业余研究人口问题。当时所有主流人口研究机构，都清一色预测中国人口峰值到来的时间是 2030 年以后，比我们的预测结果晚了十几年。我做出这样的判断，当然当时我们也是觉得中国人口政策调整将会非常难，因为在 2006 年我发现中国劳动力形势如此严峻的情况下，我赶紧开始呼吁中国应该立即放弃计划生育政策，转而鼓励生育。按照我的算法 2022 年中国新增劳动力是负 1000 万，想保证中国劳动力在 2022 年平稳过渡意味着中国人口政策在 2002 年全面放开。当时我发现的时候已经晚了 4 年了。

基于这两个假定，我预测人口峰值会在 2018 年前后到来，所以中国房价峰值也是在 2018 年到来。房价泡沫如果是破灭，顺序是什么？还是看人口。人口净流出的城市房价泡沫先破裂，人口净流入的城市房价还会涨，但是房价本身也是调节城市人口规模的重要因素，也就是说人口和房价之间是相互影响的，人口流入拉动房价，但是房价涨了可能会把一些人挤出去。

大家看到现在深圳的房价在把人挤出去，2015 年上海外来常住人口减少 15 万，这都是房价挤出人的现象，最终结果会形成稳态，当人口平衡房价就稳住了。但是很遗憾，房价稳是暂时的，房价跟股价类似，房价一部分是投机需求决定的，如果房价真的稳住了意味着持有房子收益率是零，有些人就会把房子卖了炒别的，卖了之后房价就掉下来了。当时我对中国房价是这样判断的。

2014 年、2015 年中国放开人口政策，于是我们把中国人口峰值往后推了 5 年，我们预测人口峰值在 2023 年前后到来，那么房价峰值呢？我还是维持 2018 年到达峰值的判断。为什么？因为这一次老百姓信了我们的预测结果了，为什么老百姓信了？当然老百姓不是信我们，而是因为现在所有主流人口研究机构对人口峰值到来的时间预测都跟我们基本一致。所以大家形成的共识是中国人口峰值在 2022～2023 年到来，这样老百姓就会接受，就信了，于是就会提前卖房子，房价峰值就会在 2018 年后到来。

我刚才说了中长期看人口，短期看政策，大家时刻不要忘记了我的判断是基于人口这一个因素。决定房价的因素很多，尤其是中国有一个强大的政府，它要是想把房价硬托住，托个三五年没有问题。问题是要把房价长期托住是不可能的。如果真的持有房子作为长期投资，这一持有就是 10 年、20 年。10 年以后，中国的人口峰值早已到来且人口下降，中国的劳动力开始急剧减少，我们是"60 后"，我们的下一代从我们的手上要继承几套房子？长期来看房子真的不是一个好的投资手段，但是现在房价涨得很疯，谁都不知道房价会涨到什么程度。现在大家讨论房价都是算命，谁都不敢说谁算命有多准，但是影响它的因素就这么几个。

2013 年我写这篇文章的时候很多人都骂我，因为 2013 年北京房价还在狂飙。现在我发现很多人越来越趋向于认为 2018 年是房价的拐点了。上午在微信朋友圈里面看到一篇文章，也说的是 2018 年前后房价到达峰值。当然中国经济现在这么疯狂、房价这么疯狂，但经济基本面不支撑，人口会到达峰值了，城镇化马马虎虎也快到头了，房价上涨的空间在哪里？只有一个因素货币超发，如果货币继续超发房价有可能继续涨，但是除了货币之外其他所有因素都是不利于房价上涨的。

给大家看几个数据，首先看中国未来的 20～29 岁的妇女数。2010～2015 年这个群体到达一个峰值——1.1 个亿，然后开始断崖式下跌，2025 年稳定在 7000 万左右。这个群体是生育能力和生育愿望都最强的群体，根据这个数据你就知道今后 10 年中国人口出生率将会是以什么样的速度下降。第二个数据，是我们预测的中国 2011～2080 年的劳动力人口数，我们算的是 20～65 岁的人口数，因为退休年龄提高已经不可避免，所以我们就把退休年龄设为 65 岁。按照我们的预测，如果中国人口政策还是目前这样，到 2080 年我们的劳动力人口就只剩下 3.39 个亿，每年平均减少 850 万～900 万，65 年减少 6 个亿。这个数据中 2035 年以前的事是板上钉钉了。第三个数据是 2011～2080 年中国 17～20 岁的男性人口数，这个年龄段的男性人口就是中国的兵源。这个数据 2011 年的时候还有 4800 万人，2016 年就剩下 3200 万人左右，如果目前的人口政策不变 2080 年的时候只剩下 850 万，到那个时候谁来保卫祖国？

供给方就说这么多，现在看需求方的新特点。首先，现在中国投资方面已经没有什么好的机会了，出口也不行了，可以预见今后 10 年、20 年世界经济持续长期低迷，所以指望外国人买中国的东西不现实，因此我们就希望靠消费来拉动中国的经济，这就需要注意消费的特点。消费在中国未来有什么特点或者增长的动力？

我们可能对中美进行对比来理解目前的经济形势。美国2013年人均GDP 53000美元，中国按购买力来算是12000美元，如果假定中国老百姓的生活水平可以赶上美国，意味着中国经济还有翻两番的空间，那么就意味着中国还可以以7%的速度再高速增长20年。以前林毅夫说中国可以按8%的速度高速增长20年，很多人嘲笑林毅夫，现在林毅夫自己底气也不足，在我看来林毅夫的观点是有道理的，从需求来看的确如此；但是从供给看，从人口劳动力形势看情况就没这么乐观。如果政策适当，中国虽然以7%高速增长实现不了，但是5%、6%增速增长还是可以实现的，没有问题的，因为需求就在这里。

看看中国现在！老百姓谁不想发财？谁不想提高自己的生活水平？这就是中国经济发展的原动力，非常强大。只要把它很好地利用起来，保护和利用这个积极性，并引导老百姓不要做坏事，就是设法保证君子爱财，取之有道，不要像三聚氰胺、毒疫苗一样，要保证合法、合理发财，中国经济发展原动力非常充足。

再看一下中美两国生活水平的差距，40000美元左右。和这个差距相对应的消费是什么？如果可以把它找出来，就是中国经济下一步升级的方向，老百姓想买什么我们就生产什么，这个就是产业升级的方向。那么这个消费到底是什么？首先我们应该看到，到目前为止，中国老百姓对物质商品的消费与发达经济相比其实差不多。

譬如住房,全世界发达国家的人均住房使用面积是 27 平方米,中国现在的人均建筑面积已经 35 平方米左右了,折算成可比的使用面积,已经跟发达国家的平均水平差不多了。其他的消费品,汽车,发达国家有的我们也有了,互联网、电脑这些东西也都成为我们的日常消费品了,而且中国老百姓的手机比美国人的手机还要好,还要高级。所以下一步中国产业升级方向就是高端服务业,包括医疗保健、教育文化、娱乐、旅游、法律、研发、保险、政府服务这几大块,这些我们中国的老百姓目前享受到的,至少质量不是很高,数量上也不是很充分,所以这就是我们中国经济下一步发展的方向。

根据上述分析,我们可以对新常态下中国经济形势做一个概括:前途受阻、后路已断、调控乏力。"前途受阻"是什么意思?中国经济下一步产业升级的方向是高端服务业,但是高端服务业需要中国全面深化改革,问题是改革的阻力非常大,如果可以克服阻力,改革可以成功,那么中国经济 7% 以上的高速增长可能实现不了了,但是以 5%、6% 的增速再持续增长二三十年是没有什么问题的。如果这个阻力克服不了,中国经济就这样了,陷入中等收入陷阱就免不了了。

"后路已断"是什么意思?我们国家以前靠的是低成本优势参与国际竞争,但是目前低成本优势已经没有,印度、越南这些国家在迅速蚕食我们的低端产业。有人说,既然是低端产业,把低端产业给它们不就行了?我们还不能真给,因为高和低是相对的,一个经济总有低端产业,末位淘汰的话是没完没了的,因此我们还不能真给,而且低端产业恰恰是吸收就业效果最好的产业。问题是有什么办法，可以捡回我国的低成本优势吗？捡不回了。所以后路已断。

"政策乏力"，看一下最近两三年的中国宏观调控，2014年定的目标是7.5%，最后实现7.4%，2015年定的是7.0%实现的是6.9%，连续两年就差0.1%。可以说这两三年李克强总理使出了浑身解数，还是没有完全达到预定目标。那0.1%这样的增长率所需要的需求增长是多少呢？中国现在年GDP 60万亿元人民币左右，0.1%就是600亿元人民币，这两年只要每一年李克强总理再找回600亿元人民币的需求他定的目标就实现了，但是他就是找不回。

这12个字放在这里看起来很悲观，但是实际上还是有很大机会的。只要政策得当，机会还是有的，形势还是不错的。怎么办？首先需要确定我们的政策目标，目标是经济继续健康成长。在目前的情况下，我们希望可以实现经济转换和经济增长两不误。问题是按照现有的宏观调控理论结构转换和经济增长两不误实现不了，两个不可兼得。

看看美国，要实现结构转换需要一场金融或者是经济危机，如果经济形势还好，各个企业都可以活下去，那么它为什么调整结构？为什么那些低端产能要退出去？没有理由呀！所以你要想调结构就需要一场金融危机，把增速降下来，降下来之后很多企业就活不下去了，活不下去就关门，关门之后就腾出资金、劳动力、土地，别的企业可以用这些东西发展高端产业，这就实现了产业结构升级和转换，因此结构转换和经济增长这两者是矛盾的，要增长就别想调结构，要调结构就别想经济增长，现有的宏观理论就是这样。

但中国还是想实现结构调整和经济增长两不误，而且经济增长是健康的增长，不是随便增长。怎么办？这就需要进行宏观调控政策的创新，这就引出最近10年我们的研究成果。

刚才说了10年前我们就开始研究供给侧，在研究供给侧的过程中，我们重点研究供给管理及其跟需求管理的组合，怎样把两者结合起来调控宏观经济。这就需要引进供给管理。现在世界各国宏观调控都用需求管理，所以无法同时实现结构转换和经济增长，但供给管理引进之后就可以同时实现结构转换和经济增长。在中国目前的情况下，怎么实现这一点？

首先，当今中国面临的问题就是产能过剩，产能过剩情况下要想稳增长就必须稳需求，这一点毋庸置疑。我们说了很多遍。

前段时间为了稳增长，有人提出货币放水，认为中国应该降准降息、刺激增长。对这些我是不赞成的。那么有什么别的办法吗？需求要扩大，又不能通过传统的凯恩斯主义政策扩大，怎么办？

2016年初我写了一篇文章《货币放水是自寻死路，需求侧改革才是救命的良药》，主要观点就是靠需求侧改革创造优质需求，保证中国经济健康增长。扩大需求不要光看数量更要看质量。现在正统宏观经济学理论只管数量不管质量，这是最大的问题。我的宏观经济学理论确实跟目前的正统宏观经济学理论有一点儿不同，我不仅重数量更加重质量。就像人一样，可以让他体重增加，但是体重增加有两个可能性，一个可能性是这个人长大了，变得更加强壮，另外一个可能是变胖了，虚胖，虚胖的结果是恶化，不可持续。所以我们需要考虑或者是注重需求的质量。在这个时候我就提出政策建议通过需求侧改革刺激出优质的需求。

供给侧呢？首先需求侧如果增速上去了，总体来说供给侧增速也应该上去，两者要同步走。如果两者不同步，GDP 就会出现问题，如果需求往上走供给不走，会出现通货膨胀，所以两个要同时。需求和供给总量上来说两者是双扩张，这是我国目前宏观调控的主基调，因为前提是必须保证中高速的增长，这是硬约束。要实现两个翻一番的目标，每年不能低于 6.5%，低于 6.5% 就实现不了，这是底线。

供给这一块，在总量扩张的情况下来实现结构调整，去低端产能促进高端产能的发展。低端产能怎么去？现在基本上是通过行政命令，用行政手段分一下。政府部门再向企业提出要求，结果是同比例瘦身，去的产能可能反而是优质产能，我们希望有些低端的产能关门，但是现在行政去产能就会出现这种情况。

该怎么去产能？我提出的政策建议是通过法律手段去产能，我们可以提高某些行业的环保标准、生产安全标准、产品质量标准。这个时候能满足这些标准的企业活下来，满足不了的企业关门，用法律手段解决问题，这个很公平也符合我们的目标。这里面牵扯法律的制定和实施。在现有的中国政治体制下，尤其是地方政府还有地方保护主义，所以很可能搞到最后搞不下去，不管怎么说在去产能这一块合理的办法就是通过法律手段而不是别的，通过别的任何手段去产能都只会创造出新的寻租机会，最终去掉的产能都可能是优质产能而不是劣质产能，这些劣质产能虽然生产方面不咋的，但是拉关系、走后门绝对很强，所以最终结果反而人家活下来。所以要创造出一个正向淘汰机制必须通过法律手段而不是行政手段。

怎样促进高端产业发展？我们希望发展的高端产业是什么？一个是高端服务业，当然还有就是制造业的升级换代，这就需要供给侧改革，讲这么多终于把供给侧改革引出来了。

接下来我首先谈一下供给侧改革，然后再谈一下需求侧改革。

中国经济实在太复杂了，所有人都在盲人摸象，没有任何人敢说对中国经济理解有多深刻。谈一点题外话，至少这么多年我个人认为在几件事情上我还是做对了。首先在人口政策方面我10年前就开始呼吁赶紧放弃，这个目前看来我的判断是完全正确的。

还有中国高等教育的扩招，这个我也做对了。1997年亚洲金融危机爆发，当时我提出政策建议之一就是高校扩招，通过高校扩招一方面把当时找不到工作的年轻人放进大学里面待上四年再说，缓解一下当时就业压力；另一方面，开放高等教育市场，让民办大学吸收这些年轻人，对民办大学提出设施、师资力量方面的要求，它们要想招生就需要有校舍、实验设施等，这些都是投资需求。

当时我提出了这个建议，当然提出这个建议的不是我一个人，好多人都有这个观点。后来有人说我是中国教育产业化的罪魁祸首。现在回想起来，高校扩招是中国最近二三十时间里面做得最正确的事情之一。如果当年中国高校没有扩招，现在又遇到劳动力短缺，以后劳动力会逐渐减少，如果还是那个农民工为主的劳动力结构，中国经济现在是什么样？有人说，高校扩招了，大学生素质就降低了。这个没有错，因为以前招生就掐尖，学生素质肯定高。现在50％的人可以上大学了，大学生平均素质降下来了，但是劳动力总体素质提高了。现在中国劳动力素质比以前高很多了，可以说劳动力素质的提高对于缓和这几年中国劳动力减少起到非常大的作用，如果没有的话中国这几年经济形势不会这么好。

第三件事情当然是关于供给侧的研究，我认为这个也是正确的，而且也是对宏观经济学本身的一个发展。供给侧改革就是针对需求升级进行产业升级，产业升级的方向是高端服务业。那么我们就来看看高端服务业的特点。服务业的主要特点是服务质量没有客观判断标准，全靠人主观判断。比如手机，看得见、摸得着，技术标准是客观的，质量可以靠客观仪器检测。譬如我买了这个手机，我说这个手机不合格，于是商家说这个问题简单，检测一下就行，于是检查完了没有问题你就拿回去，有问题就换一部，这个质量纠纷我们供需双方就可以解决了。但是服务业呢？服务的质量高低就靠消费者一句话，完全靠消费者的主观判断或者主观感受，这个时候质量纠纷就容易出现，纠纷出来之后偏偏公说公有理，婆说婆有理，供需双方解决不了纠纷，这就需要引入第三方来解决纠纷，需要良好的纠纷解决机制。纠纷解决机制听起来似乎没有什么意思，但是你要知道，这是现在社会里最重要的机制之一，实际上整个法律体系就是为了解决纠纷的。为什么世界各国要建立法治国家，就是因为经济越来越复杂、社会越来越复杂，人与人之间纠纷越来越多，所以需要靠法律协调，需要靠法律制定规则，每一个人都要守这些规则。可能有些人不守这些规则，或者有的规则过时，或者新的事物出来没有规则，这个时候就需要解决纠纷的机制。现在法治国家的基础就是纠纷解决机制，听起来好像很简单的事情，但是实际上没有那么简单。

高端服务业既然具有这样的特点，就需要有一个良好的纠纷解决机制为它保驾护航，没有它高端服务业没有办法发展。我们以医疗服务业为例。大家都知道现在中国医疗行业的情况，以药养医，结果老百姓对医院和医生都不信任，走进医院里面老百姓想到的就是我会不会被开很多无所谓的药，被要求做很多无所谓的检查，出现了医疗纠纷譬如出现医疗意外是不是医生的责任事故。结果，如果真的出现意外，正常情况应该是打官司，但问题是在中国目前通过打官司怎样讨回公道？中国目前的法律体系能合理解决纠纷吗？

医闹本该是刑事犯罪活动，但是中国官方偏偏不把它当一回事，它可能认为患者家属有情绪，问题是有情绪就可以犯罪吗？偏偏在中国目前医闹就是被认可的一件事情，这种情况下中国医疗行业还怎么发展？没有办法发展了，没有人愿意当医生。

看看国外，报考医学专业的学生都是本国最优秀的学生，作为普通老百姓当然也希望是最优秀的学生去当医生，作为一个普通的人这一辈子不生病不太可能，生病的时候当然希望最优秀医生来看病，所以最优秀的学生当医生对谁都好。但是中国呢？目前的情况医学博士毕业想到的不是当医生而是去当药代，同一个高校里面录取分数最低的往往就是医学专业，这样医疗行业怎么发展？

中国医闹在美国怎么处理？2015 年 11 月初，一位中国儿童在美国医院就诊，其父亲与护士发生了争执，院方报警，警察到场后他居然还敢用手掐护士脖子，警察用枪把他的手给打断，然后带走。4 天后驱逐出国，20 年内不能进入美国。警察给他两个选择，要么被驱逐回国，要么在美国被以二级谋杀罪起诉，然后在美国蹲监狱。而他居然派老婆私下联系护士，希望护士撤案，结果他老婆也被以行贿罪逮捕，夫妻二人先后被送回国，孩子就在医院治疗，暂时由美国社工照顾，病愈后送回国。

另外，高端服务业往往涉及知识产品，譬如艺术、音乐这些东西。知识产品有一个比较大的特点，就是容易被盗版，譬如拍电影，如果你拍的电影刚演了一次网上就到处都是，那你还拍吗？因此需要保护知识产权。

中国经济进一步发展的硬约束就是需要一个良好的、软的基础设施。软的基础设施包括国家治理体系、文化、道德这三个方面。也就是说供给侧改革的核心是国家治理体系的现代化。说到这里大家可以看到我谈了半天谈的都是政治问题，为什么？因为现在讨论中国经济问题必须讨论中国政治问题，政治问题说不清楚经济问题就说不清楚。总书记也说了，要建立中国特色社会主义政治经济学，政治在中国跟经济是不可分离的。

第二是诚信问题，建立互信，同时大家守规矩，如果这两点可以实现纠纷就少很多，对国家治理体制的依赖就少很多。

第三是道德体系重建。职业道德如果很好地被坚持，纠纷也会少很多，有人说中国目前问题是制度问题，制度好了自然没有问题，但职业道德同样也存在很大问题。这里边最近几年例子多的是。

最后谈一下需求侧改革。需求侧改革的目的就是设法扩大优质需求。我提出以下几个政策建议。

第一，扩大优质消费的一个办法是人口政策调整，彻底放弃计划生育，转而鼓励生育。道理很简单，有人就有消费，尤其小孩子消费比大人还大。现在中国人在小孩子身上花钱很舍得，给大人自己花钱偏偏不那么慷慨。更重要的是，小孩出生了，拉动的是现在的消费，又不构成就业压力，20 年之后他们成为劳动力时，中国正好劳动力短缺得不像样子，正好帮助中国解决劳动力短缺问题，所以不管长期还是短期都是好的政策。

第二，提高全国消费倾向。这就要进行收入分配制度改革，实现收入均等化。一般而言，穷人消费愿望比富人高一点，如果能够解除老百姓消费的后顾之忧，譬如对养老体制、医疗体制、教育体制、失业救济体制进行改革，可以像美国老百姓随便花钱，老了有社会保障，老百姓的消费倾向自然可以提高。

第三，提供新产品和优质消费品的供给。刚才说了中国老百姓在国外买东西疯了，说明中国不缺消费需求，缺的是好的消费品。如果中国国内自己可以生产这些产品，老百姓就可以在国内买，这就把对外消费转化为对内消费。但是这个难度很大，你想一想中国奶粉行业就知道了。

第四，市场创新，为中国产品打开国际销路，"一带一路"是非常好的措施。

第五，通过绿色发展扩大优质需求。从长期看，只有优质需求和优质供给同步增长才可以实现经济的健康增长。我们目前面临的长期宏观经济形势有两个特点。一个是需求不振，中国缺乏优质投资。中国现在需要大规模优质投资替代房地产投资。房地产投资刚开始是优质投资需求，十几年前中国老百姓居住条件很差，所以那个时候老百姓急需改善自己的住房条件，那个时候住房投资是优质投资。但现在不同了，所以就需要有同样大规模的优质投资来替代房地产投资。第二个是供给方面潜在增速下滑，主要原因是劳动力短缺和人口老龄化。因此，我提出一个政策建议就是大规模国土绿化，说白了就是治理沙漠。我国有260万平方公里的荒漠化土地，规模非常大。

治理沙漠可以同时提供优质需求并提高潜在增长率。需求层面，即使治理沙漠每平方米花10块钱人民币，全部治理好也需要26万亿元，是目前年GDP的40%，先不说这个东西本身会带来的乘数效应，就其本身可以治理好就是26万亿元，会使中国GDP提高40%，现在中国的人均GDP是8000美元，这一下子就提到11000美元，再加1000美元左右，中国就进入高收入国家了，中等收入陷阱就被冲过了。这个量足够大，足以替代以前的房地产投资，而且是优质的，治理沙漠对国家、对老百姓都是好事情，生态环境好了多好，如果沙漠治理好了可以住到治理好的沙漠里，住房条件可以非常好。问题是谁来投资？我建议民间投资，避免政府投资治理沙漠，因为政府治理会出现债务问题。

这些沙漠治理好了，相当于增加260万平方公里的可用国土，我们现在18亿亩耕地的红线就不需要，城镇化需要的土地就有了充分供应。想想看，以色列国土面积很小，80%的土地还是沙漠，就凭这一点沙漠种出来的东西以色列不仅满足了本国人对粮食、蔬菜、水果、花卉的需求，还出口到了欧洲，把自己变成了欧洲的厨房。所以说沙漠不是荒地、废地，是宝地，关键是我们没有用好。假定每年治理 10 万平方公里沙漠，相当于可用土地增长 1.4%，可以对劳动力短缺和老龄化起到抑制作用。

这里有三个问题，第一个问题：发展什么产业？一是 260 万平方公里国土最主要还是发展农业和林业，不只包括草、花卉，也可以包括种树。二是新能源，沙漠太阳能和风能比较丰富。三是旅游业，可以向美国学习，在沙漠里开一个赌场。四是文化创意、娱乐，等等。

第二个问题：如何保障民间投资收益？我的建议是用土地所有权或者长期使用权吸引民间投资。也就是说，这片沙漠谁治理好给谁，这样，土地本身可能会升值，沙漠治理好之后长出来的东西也是投资者的收益。

第三个问题：怎么保证可以治理好沙漠？如果沙漠治理不好，显然投资别说有收益了，根本就是投资失败。这就要保证水的足量、持续供应。我不是研究沙漠治理专家，但我看了一个资料，南美有一个国家叫智利，它有一片沙漠，年降水量只有 0.1 毫米，常年寸草不生。有一天下了一场大雨，大雨之后这片沙漠变成一片花海。那就是说沙漠里不是没有生命，而是没有让生命绽放的水。所以保证水的大量持续供应，治理沙漠就应该没有大问题。那么，怎样保证水的大量持续供应？我的建议是东水西调，把海水净化后引入沙漠，形成若干个咸水湖。在中国内地咸水湖已经不少了，多几个也没有关系。海水引进去蒸发再降下来就成了淡水，沙漠降水量不大，但蒸发量很大，通过这个办法可以形成良好的水循环。

这个政策建议会不会被采取？这个建议我已经呼吁 10 多年了，终于被写进了"十三五"规划的建议。"十三五"规划的建议中，有五大发展理念，其中一个就是"绿色"，提到了"开展大规模国土绿化行动"，那么，这个"大规模国土绿化"除了治沙还有什么？同时也提出，"创新产权模式，得引导各方面资金投入植树造林"，我说的用所有权或者长期使用权吸引投资就是创新产权模式。最终实际采取的政策中创新产权模式的做法可能会跟我当初的设想不一样，譬如最终可能让国有企业治理沙漠，产权模式也可以创新，产权归国有企业，这个符合意识形态，这也是最可能出现的一个事情。不管怎么说这个建议已经写入"十三五"规划，"十三五"期间如果扩大需求的其他政策不能奏效，那么这个政策可能就会被采取，这个政策如果被采取，那么中国需求侧面临的各种问题就一扫而光，因为有 260 万平方公里土地可以治理，而且好就好在可以精确控制需求扩大的规模，也就是治理沙漠的力度。比如 2016 年宏观调控需要治理 10 万平方公里沙漠，批准这么多就行，如果 2016 年只需要治理 5 万平方公里，批准 5 万平方公里就可以，可以精确调控。所以我个人认为这是非常好的政策。

第六，产权改革，切实保护私人产权包括知识产权，从而刺激投资，通过依法治国限制政府权力保证投资者利益，通过这个产生来扩大投资。

总结一下，不管需求侧还是供给侧，"优质"都是很重要的条件，在目前中国的情况下，虽然供给侧很重要，但是想要稳增长，需求侧应该是先于供给侧，因为我们面临的是产能过剩，要稳增长必须稳需求，所以需求侧比供给侧在政策顺序上要领先一些，这个很重要。

在此情况下供给侧应该扩张，供给侧扩张的办法就是供给侧改革，同时通过法律手段去除低端产能，需求侧扩张就需要需求侧改革来实现。在目前全世界都缺乏消费热点的情况下，中国目前恰恰存在创造优质需求的空间，这是别的国家不具有的，所以在全世界宏观经济形势一片暗淡的情况下，中国经济还是有希望的，关键是怎么做，可以说中国经济现在是一手好牌，我们希望把它打好。

今天就讲这么多，谢谢大家。

文明的冲突与融合

赵　林*

我们要了解今天世界的文明格局，就必须了解它的过去，只有知道它的过去，才知道今天以及未来可能会怎么发展。因为在几千年人类历史文明长河中，有相当长的时间是彼此隔绝的。但是到了现代化，特别是到了全球化时代，这个世界已经发展成为有机的整体。所以，今天的世界历史要比过去的世界历史复杂得多。今天要讲的纵横两个方面，不仅要涉及很宏观的各大文明之

* 赵林，武汉大学哲学学院教授，国家教学名师，享受国务院政府特殊津贴专家，澳门科技大学特聘教授，香港汉语基督教文化研究所学术委员，多年来从事西方哲学与西方文化教学与研究。已出版《西方宗教文化》《赵林谈文明冲突与文化演进》等学术著作与演讲集。曾应邀在中央电视台《百家讲坛》栏目多次主讲"中西文化精神差异"等学术讲座。

间的关系，还要涉及很漫长的历史脉络。一方面，历史在时间长河中逐渐演化，所以需要纵坐标——时间轴，即历史演进；另一方面，历史又是在地理环境中演变，所以需要横坐标——空间轴，即历史地理。所以，历史和地理就是这样始终联系在一起，实际上当今世界格局涉及很多地缘政治，文明之间是有地域性的。

人类最早有五个不同的文明发生地，除了传统所说的中国、印度、两河流域和埃及之外，还有地中海最南边的克里特岛，这是希腊乃至整个西方文明的最早发源地（第五个文明）。这里不再谈新大陆文明，新大陆曾经也有过自生自灭的玛雅文明，等等，这些文明要么是在西方殖民主义者来到之前就已经花果飘零，要么就是经不起西方现代文明的冲击而很快结束了。人类文明最早是在旧大陆发生的，旧大陆最早的文明又是在非常小的范围内，大约是在北回归线到北纬35°的十来个纬度之间发生的。从埃及、两河流域、印度河流域，一直到中国的黄河流域，以及克里特岛和爱琴海地区，即希腊文明最早的发源地，都处在这十来个纬度之间。

人类最早的文明所占的纬度非常有限，经度没有办法用统一的尺度来衡量。例如中国文明最早的发生地是在黄河流域中下游，就是从宝鸡以东一直到黄河流域的入海口；同样埃及文明最早是在尼罗河中下游，即从孟菲斯到尼罗河的入海口；两河流域主要是幼发拉底和底格里斯两条河流的冲积平原（巴比伦一带）；印度河流域文明最早是在印度河流域上游的哈拉巴地区。所以，最初都是地域非常狭小的文明地区。文明的最大特点一定是定居性的，而且是以农耕为主，所以文明都是发生在农耕地区。游牧民族从来没有发展出文明，他们有原始文化，但是不能叫作文明。除了克里特文明是海洋文明外，其他四大文明都是依傍着一条或两条大河，过定居的农耕生活，创建出永久性的灌溉系统。在这个过程中就产生了最初的社会管理阶层，或统治阶层。在精神方面则出现了最早的宗教和自然宗教崇拜，在这个基础上又产生了文字，等等，还有一批专门负责沟通人与神的祭祀集团，他们就是最早的统治阶级。

在这几大文明的北边是亚欧大草原，生活着很多游徙不定、追逐水草的游牧民族。他们性格彪悍，过着马背上的生活，吃着牛羊肉，侵略性和战斗力比较强。古代没有现代化的武器，战争主要靠身体条件，看谁更加野蛮，因此战争素来都是北方游牧民族占据优势。在全球化时代来临之前，人类几千年的文明史中有3500年甚至更长的时间都是在这两个世界的对垒之中度过的。南边是农耕世界，生产力水平比较高，比较富有，也产生了很多辉煌的文化；北边是游牧世界，追逐水草而生，居无定所，生产力水平比较低，相对比较贫穷。此外，北边比较强悍，南边比较文弱，自古以来都是北边的游牧民族入侵南边的农耕世界，很少有反攻的。例如，蒙古人统治的元朝、满族人建立的清朝等，在西方也是这样。

最早的这五个文明——爱琴海文明、两河流域文明、埃及文明、哈拉巴文明、中国先秦文明（夏商周时代）——的北边生活着很多追逐水草的游牧民族，在公元前三千纪末、两千纪初以后，北边亚欧草原上的游牧民族曾经一浪一浪地向南方入侵，形成了几次比较大的冲击波，使得很多原来生活在黑海和里海北边草原上的游牧民族，由于种种原因向南迁徙。这次冲击波有三个方向：一个是向西南方向迁徙，一个是向正南方向迁徙，还有一个是向东南方向迁徙。这次大迁徙导致了很多民族的产生，他们都是在很长时间里逐渐演化出来的。早先这些游牧民族很难说清楚他们是什么人，他们不像定居的农耕民族那样具有明确的族群概念。这些野蛮的游牧者来到南方世界以后，与南方文化相融合，开始了定居的农耕生活，从而衍生出许多新兴的民族，相继进入到文明时代。比如，向西南方向冲击的族群形成了意大利人、高卢人、凯尔特人、希腊人，等等；向正南方向冲击的族群衍生出赫梯人、米底人、波斯人等；向东南方向冲击的族群演变为古代印度人，他们创立了印度的宗教（吠陀教、婆罗门教，后来又演化出佛教、印度教等）。以古代印度人为例，那些后来居上的入侵者原来都是白种人，来到印度以后受日照的影响，肤色变黑了，但是他们的身体形态非常像欧洲人。像印度的上流社会就带有贵族色彩，婆罗门种姓、刹帝利种姓在长相上与欧洲人很相像。这些都是从北方，即黑海、里海北边向南方不同地区冲击而形成的人种或民族，这些民族后来纷纷入主到所入侵的地区，接受了更高级的农耕生产方式和生活方式，开始了文明化历程，逐渐创建了新的文明。

在3000年的时间里，发生过游牧民族对农耕世界的三次大冲击。第一次是一些操持原始雅利安语的民族，今天无论是日耳曼语系还是拉丁语系，还是波斯语、印度语等，其根源都可以追溯到一种原始语系——印欧语系，或者雅利安语系。在距今几千年以前，最早生活在黑海、里海北部的游牧民族，不断地向南迁徙。他们最早可能操持一种原始的母语，由于来到不同地方，将原始母语带到当地，和当地语言混杂，后来就逐渐形成了希腊语，形成了意大利语、法语、西班牙语等拉丁语系，形成了英语、德语、荷兰语等日耳曼语系，它们最初都属于广义的印欧语系。游牧民族对农耕世界的第一次大冲击时间持续得最长，产生的历史影响也最为持久。尤其是在游牧民族所冲击到的农耕文明地区，使古代的爱琴海文明、两河流域文明、哈拉巴文明这三个地方产生了非常大的变化，这些变化导致了雅斯贝斯在《历史的起源与目标》中所说的"轴心时代"的来临。雅斯贝斯认为，公元前8世纪到公元前2世纪这段时间，尤其是公元前6世纪到公元前3世纪，在三个古老而彼此隔绝的文明（西方文明、中国文明和印度文明）都不约而同地出现了一批伟大的人物。这些伟大人物创建了伟大的宗教，这些宗教一直到今天仍然深深地影响着不同的地区。在西方出现了苏格拉底、柏拉图、亚里士多德，一直到后来的基督耶稣，其创立的基督教一直到今天还是西方人的安身立命之本。在印度产生了释迦牟尼、筏驮摩那这样一些人，他们创立了佛教、耆那教，后来又在佛教的基础上产生出印度教，一直到今天印度教仍然是绝大多数印度人的安身立命之本。在中国出现诸子百家——老子、孔子、孟子、荀子、墨子、庄子、鬼谷子、孙武、韩非子等，这样一批诸子也使得中国各种思想互相竞争，最后到了汉武帝时代，"罢黜百家，独尊儒术"，把儒家定为一尊，从此儒家成为中国人2000多年来的安身立命之本。

在"轴心时代",三个彼此隔绝的文明都不约而同地出现了伟大的人物,创立了伟大的宗教,到今天仍然没有人可以超过他们的影响。雅斯贝斯提出了"轴心时代"的概念,但是他并没有说明,为什么在这段时间里,在不同的文明地区出现了伟大人物,创立了新的宗教。从更宏观的背景说,这可能跟第一次游牧民族对农耕世界的冲击有关系。这次冲击不仅在他说的三个地区,而且也在波斯创立了波斯的宗教——琐罗亚斯德教(即祆教),并在此基础上经过1000多年的演化,在广泛吸收犹太教等古老宗教的情况下,产生了伊斯兰教。伊斯兰教出现得稍晚一点儿,它与其他三个高级宗教,即基督教、佛教-印度教,以及中国儒家伦理一起,构成了古代文明世界的四大宗教-伦理体系。这四大宗教-伦理体系是导致人类文明分野的最重要因素。

埃及文明在这一次游牧民族对农耕世界大冲击的浪潮中幸免。埃及在地中海南边,北边来的游牧民族冲到希腊、罗马、小亚细亚、西亚、印度河流域、中国和东亚,唯独没有冲到地中海南边的埃及。但埃及的幸运恰恰是历史的不幸,它没有经历民族大冲击,也没有发生民族大融合。所以,20世纪最伟大的历史学家汤因比把埃及比喻为"文明化石"。在生物学上,纯系种是没有生命力的,很难持续,只有杂交才能延续物种的生命力,无论是远缘杂交还是种内杂交。从历史上来说,埃及由于没有经历游牧民族的冲击,所以当第二代文明出现之后,它就被第二代强势的文明国家吞并了。首先被波斯帝国吞并,被波斯化;后来亚历山大东征,征服埃及,埃及又被希腊化;希腊人之后是罗马人,再被罗马化;后来基督教在罗马帝国传播,埃及又最早被基督教化；再往后，到公元 7 世纪伊斯兰教扩张，埃及又被纳入伊斯兰教体系，一直到 18 世纪末被西方殖民化。所以，今天的埃及人被称为新阿拉伯人，他们的语言是阿拉伯语，信仰的宗教是伊斯兰教。埃及今天只是地方还在那里，除此之外，它的人种、语言、宗教、文化已经一次一次被不同的文明先后同化了。

中国文明历史多有变化，不断与游牧文明交融，但是中国文明是一脉相承的。中国的文字，从宋体上溯到楷书、草书、行书、隶书、小篆、大篆、金文，一直到甲骨文，是一脉相承的。中国的思想体系，先秦时代产生的儒家，两千多年来成为中国人的安身立命之根本。同样，印度比我们经历了更多的变化，印度曾经被波斯征服，后来亚历山大打到印度河流域，罗马人虽然没有到印度，但是阿拉伯人崛起以后，伊斯兰教也曾经一度统治了印度，后来印度又被英国殖民化。但是不管怎么变，印度的文明根基始终没变，仍然坚持它的宗教和它的文化传统。所以从这一点看，它们都跟埃及不一样。

到公元前 600 年以后，第二代文明纷纷崛起，开始形成四个文明。首先是希腊罗马文明，它们是一脉相承的。再往东边，波斯帝国崛起，波斯曾经和希腊发生战争，后来帕提亚王国又和罗马帝国形成了几百年之久的持续战。再往东是古代印度文明，其特点是虽然朝代在变，但是宗教早熟，很早就形成婆罗门教，后来是佛教，最后是印度教，所以古代印度文明是一个非常独特的体系。最东边是第二代中国文明，先是出现了秦汉帝国，秦汉时期的文明和后来的文明不一样，秦汉文明和那个时代的西方文明非常相像，都比较强悍。当时最强大的两个国家——一个是西边的罗马帝国，一个是东边的汉帝国。那个时候的文化风格是重武轻文，罗马人喜欢征服，汉朝人也喜欢打仗。那时候不讲究儒风，汉高祖本人就非常瞧不起儒生，汉武帝也喜欢用兵，虽然推崇儒家，但也只是为了治理老百姓，而对外则更多地表现为强权政治。

公元前三千纪末到公元前一千纪中叶，操持着原始雅利安语的人向三个方面入侵，这导致很多民族的出现，最后导致了第二代文明的产生，产生了希腊罗马文明、波斯帝国、古代印度文明、秦汉帝国。这时候四大宗教也开始孕育，基督教、佛教－印度教、儒家伦理体系，以及较晚产生的伊斯兰教。

亚欧大陆的第二代文明出现以后，我们又看到了游牧民族对农耕世界的第二次大入侵和大融合。这一次大入侵的发起者是游牧于中国西北域的匈奴人，他们从战国时代开始就不断地侵扰中原。汉朝建立之后，经过一段时间的休养生息，到了汉武帝时代，就主动出击攻打匈奴，用武力逼迫匈奴人向西迁徙，从而引起了整个亚欧大草原上游牧民族大迁徙的"多米诺骨牌运动"。匈奴人的西迁，迫使亚欧草原上的一支支游牧民族，如月氏人、马扎尔人、匈牙利人、阿兰人、日耳曼人等，纷纷往西跑或者往南迁，于是灾难就落到了南部的那些农耕文明的头上。这场"多米诺骨牌运动"的最后一张牌，即日耳曼人在匈奴人的挤压下，入侵到已经是日薄西山的西罗马帝国境内，导致了曾经不可一世的罗马帝国的崩溃。

波斯帝国把埃及征服了，又想征服希腊，但是以失败告终。后来希腊北方的马其顿崛起，亚历山大一直打到印度河流域。亚历山大死后，罗马帝国开始扩张，罗马帝国与波斯的帕提亚王国形成对峙，整个地中海都是罗马帝国的版图。到了罗马帝国后期，亚欧大草原东边的匈奴人，被中国汉朝的军队打得往西跑，最终到了东欧和多瑙河地区，最后推动了日耳曼蛮族开始向西南入侵。匈奴人和日耳曼人的入侵，导致了罗马帝国的崩溃。在后来的封建时代里，西欧地区逐渐形成了后来的法国、西班牙、意大利、德国、英国等国家，它们原来就是一家，都是罗马帝国的行省，或者在罗马帝国的边境地区。蛮族把西罗马帝国瓜分了，然后画地为牢，最后通过几百年、上千年的历史变迁，逐渐形成了我们今天看到的那些西方国家。它们实际上也是第二次游牧民族大入侵时期，日耳曼人入侵到西罗马帝国所产生的历史结果。

到了公元 7 世纪，阿拉伯人崛起，产生了伊斯兰教。那时候伊斯兰教与西方基督教的关系和今天的情形正好相反。那时候是东风压倒西风，西方基督教世界处在分崩离析的状态，而伊斯兰教如日中天、所向披靡。从公元 610 年穆罕默德创立伊斯兰教，到公元 750 年阿拔斯王朝建立的 100 多年间，伊斯兰教的世界不断扩张，从阿拉伯一直到小亚细亚、中亚、印度，再经过北非到西班牙。在这样的情况下，伊斯兰教世界形成了前后夹击西方基督教世界的格局。

第二次文明冲突结束以后，文明的基本格局开始形成，即四大文明成为舞台上的主角，一直影响到今天。那个时候旧大陆文明格局不是以国家来划分，而是以宗教信仰作为认同的纽带。我们说的基督教是指广义的基督教，当时世界格局是这样的：旧大陆西部是广义的基督教世界，分为东欧的东正教和西欧的天主教；旧大陆中部是如日中天的伊斯兰教，它所向披靡，征服了印度教地区；最东边就是中国的儒家伦理世界，到公元6世纪隋唐时代以后，儒家思想由于科举制度的兴起而开始真正地深入人心。儒家思想成为中国人2000多年来安身立命的根本，这里有三个主要原因，其一是官方的推崇，从汉武帝开始"罢黜百家，独尊儒术"，后来历代的皇帝大多数推崇儒家，这使得儒教长盛不衰。其二就是隋唐以后的科举制度。隋唐以前中国有贵族阶层，政府的官员都是从贵族里选拔。但是南北朝时期匈奴等北方民族把中原地区占据了，黄河以北的名门望族只好南迁，其结果是家道中落。南北朝结束之后，中国恢复了统一，国家需要人才，但是中国的贵族阶层却不存在了，怎么办呢？于是隋唐两朝就开创了科举制度，不管是什么出身，只要有能力考科举，一旦金榜题名，就可以飞黄腾达、跻身朝堂。从那以后，儒家思想才真正地深入人心，因为科举制度考的就是儒家的四书五经。古代只考科举，考儒家的经典，所以你必须把儒家的思想烂熟于心，而且儒家的思想并不是一种科学知识，而是道德知识，学了一定要实践的，讲究身体力行、知行合一。此外还有第三个原因，中国是一个宗法社会，儒家思想是与宗法社会相适合的基本伦理道德规范，涉及宗亲血缘之间的关系，涉及父子、夫妻、兄弟、朋友和君臣关系。所以儒家思想在中国传统社会中可以长盛不衰，因为它本身就是从宗法社会的人际关系中生长出来的一套伦理道德规范。

到第二次游牧民族对农耕世界的大冲击以后，随着阿拉伯伊斯兰教的崛起，旧大陆的四大文明体系基本形成了，它们分别为基督教文明、伊斯兰教文明、印度教文明和儒家文明。四大文明体系形成以后，又经历了游牧民族的一次大冲击，但是这次大冲击的时间很短，影响力也非常有限，只不过是昙花一现罢了。这就是蒙古人和突厥人从中国北边的大漠地区发起的大冲击。当年蒙古人曾经打下了广阔的土地，一直打到东欧，不仅在中国建立了元朝，而且在中国以西的地区建立了四个汗国，分别是伊儿汗国、窝阔台汗国、察合台汗国和钦察汗国（又称金帐汗国）。但是，元朝和四大汗国都不过是昙花一现。蒙古人衰落以后，突厥人又异军突起，于14～15世纪在亚欧大陆曾一度出现了一个突厥时代。突厥人的后裔建立了三个非常强大的国家，一个是西边的奥斯曼帝国，它就是今天土耳其的前身，当时的奥斯曼帝国地跨三大洲，势力范围覆盖了东欧、小亚细亚、西亚和北非；另一个是在16世纪出现的莫卧儿王朝，它统治印度达两三百年之久；还有一个就是以今天的哈萨克斯坦、吉尔吉斯斯坦为中心，形成的很强大的帖木儿王国。这个帖木儿王国曾经把奥斯曼帝国都打败了，也重创了波斯的萨珊王朝，1405年帖木儿在进攻中国的途中死掉了，才使中国明朝免遭了一次浩劫。由于旧大陆的各文明体系已经确立了根深蒂固的高级宗教－伦理价值系统，它们已经不太容易被改变了。所以蒙古人和突厥人的大入侵不过是昙花一现，入侵者很快就消失在这四大文明体系之中，接受了文明地区的高级宗教－伦理信仰。

但是这次大入侵却产生了间接的历史影响。在1405年发生了两件事情，从今天的角度来看，这两件事对后来的全球化产生了重大影响。在这两件事情发生之前，旧大陆已经形成了三分天下的格局，西边是积弱不振的基督教世界，中间是如日中天、咄咄逼人的伊斯兰教世界，东边是中国繁荣昌盛的明朝儒家世界。当时的印度人虽然坚持自己的印度教信仰，但是他们在政治上却处于信奉伊斯兰教的莫卧儿王朝的统治之下，所以从政治格局来说，当时是三分天下。20世纪美国有一个很著名的历史学家斯塔夫里阿诺斯，他写了一本非常经典的历史学著作——《全球通史》，该书分为"1500年以前的世界"和"1500年以后的世界"两部分。在该书中，斯塔夫里阿诺斯用一种诙谐的口吻写道，在1500年的时候，如果在月球上或者火星上有一个观察者，他看到当时人类大陆三分天下的格局，西边是基督教世界，东边是大明朝，中间是伊斯兰教世界，他一定会认为，未来世界如果不是属于军事上强大、政治上不断膨胀的伊斯兰教，就是属于经济上、文化上繁荣昌盛的大明朝，他无论如何也不会想到，未来的世界格局会被西方基督教文明所主导。

这种变化和15世纪发生的两件事情有关，这两件事确实具有全球性的重大意义。一件事情就是中亚的帖木儿大汗率领20万大军打败奥斯曼帝国和萨珊王朝之后，掉头向东来攻打中国。他当时从撒马尔罕出发，结果走到阿姆河就得病死了，死后他的军队马上就土崩瓦解了，这件事情也就不了了之。与此同时，另外一件事情在中国开始启动，1405年中国的明成祖朱棣派了一个太监郑和率领一支船队下西洋。当时郑和下西洋的规模相当了得，从1405年第一次下西洋，到1433年结束，中间持续了28年，一共有7次。而且这几次的规模都差不多，尤其是第一次声势浩大，郑和的船队从江苏浏家港下水，63艘宝船，再加上兵

船、粮船、草船、马船，一共 200 多艘。一艘宝船可以容载 1000
名官兵，第一次下水就是 27800 人，浩浩荡荡下西洋。郑和的船
队一路向西，穿过马六甲海峡，进入印度洋，到阿拉伯海，最后
来到非洲的东海岸。

这两件事情的意义在于，前者终结了 3000 多年来游牧民族
通过辽阔草原来统一天下的梦想，后者则开启了近代以来西方列
强通过浩瀚海洋来征服世界的理想。后来的世界历史也充分证
明，谁控制了海洋，谁就能控制未来几百年世界的命运。中国最
早走向海洋，并且在当时完全有能力控制海洋。与此相比，15 世
纪下半叶欧洲开始进行的地理大发现，葡萄牙人迪亚士、达·伽
马，西班牙御用的意大利航海家哥伦布、麦哲伦等人，比我们晚
了半个多世纪，而且他们的规模和我们完全没法比。当时哥伦布
带了 3 艘船 75 个水手，麦哲伦带了 5 艘船 250 个水手，达·伽马
带了 4 艘船 170 名水手，而郑和的船队有 63 艘"航空母舰"（宝
船），再加上大大小小的船只共 200 余艘，人员 27800 人，前后
可谓天壤之别。而且，明朝当时的造船水平、罗盘等技术也比西
方先进。但是非常可惜的是，在西方人大规模走向海外之前，随
着郑和 1433 年客死他乡，明宣宗一纸政令不许再搞这个活动。
从此以后，我们自己就关上了国门，自 1433 年起，一关就是 400
年，一直到 1840 年国门再次被西方列强的坚船利炮打开，这时
候我们发现世界历史已经时过境迁了。

牛津大学著名历史学教授约翰·达尔文最近出了一本书：
《全球帝国史：帖木儿之后帝国的兴与衰（1400 - 2000）》，这本
书被南方朔先生称为 21 世纪少见的大师级著作。约翰·达尔文

指出，从 1405 年帖木儿死后，整个世界格局开始发生重大变化。在帖木儿之前，整个亚欧大陆是由信仰基督教的远西诸国、信仰伊斯兰教的中欧亚以及信奉儒家思想的东亚这三大势力分踞，帖木儿帝国的征服活动是想打破这种分立态势、建立统一的草原大帝国，但是这个梦想却随着帖木儿之死而终结了。这个失败说明旧大陆政治权力的中心已经开始由游牧帝国转向定居国家。另外，过去从来都是游牧民族导致世界格局的变化。以 1500 年为分水岭，1500 年以前的世界历史是分散的、彼此隔绝的，国与国之间很少发生关系，世界由彼此分散隔绝的国别史和区域史组成。但是 1500 年以后世界发生了变化，逐渐形成了一个休戚与共的地球村，这个过程不是一蹴而就的，而是慢慢形成的。从这个意义上来说，在过去彼此分散隔绝的国别史的情况下，把整个世界短暂地连接为一体的，就是昙花一现的游牧民族对农耕世界的大冲击活动，只有这种大冲击才能让世界暂时形成一个整体。比如游牧民族从中国打到了东欧，在东欧的日耳曼人打到西罗马帝国，这是全球的格局；再比如操持雅利安语的游牧民族向三个方面入侵，导致了亚欧大陆很多文明都受到他们的冲击；还有最后一次蒙古人、突厥人的大冲击，也一度形成了幅员辽阔的蒙古大帝国和突厥大帝国。但是从帖木儿死后，旧大陆世界的主动权就开始由游牧民族转到定居的农耕文明手里，由农耕文明以及从农耕文明中生长出来的工业文明来主导这个世界了。最后，帖木儿对中欧亚所造成的间接伤害，促成了欧亚世界的权力中心转而落在远东和远西，中间区域（内陆地区）的重要性减弱了，之后的世界格局则主要通过海洋来控制。帖木儿死后，以撒马尔罕为中枢来统治世界的帝国就已经成为荒诞不经的想法，在四通八达的海洋上发现航路，使人类得以前往世界各地，从而改变了帝国的经济和地缘政治形势，这才是未来世界数百年的发展前景。在中国古代的三条丝绸之路中，北边和中间的路走得比较多，而必经沙漠的原因使得南丝绸之路道路不畅。前两条丝绸之路在撒马尔罕会合，而当时帖木儿帝国的首都就是撒马尔罕，可以说它就是当时的世界中心。但是自从帖木儿死后，以撒马尔罕为中心的陆路逐渐被地理大发现开启的海路所取代。

最近有一本著作，作者叫孟席斯，他是英国前皇家海军舰队舰长，做了一辈子海军军人，对海上情况非常了解，全世界所有大洋都去过，退休以后对郑和下西洋非常感兴趣。他的著作《1420：中国发现世界》专门讲郑和下西洋到了何地，他最后得出结论，郑和下西洋远远不只是到达了非洲的东海岸，郑和的舰队当时有两万多人，编成一些分支，他派部下带领分支船队向不同的地区航行。孟席斯的观点是，郑和比哥伦布早半个多世纪发现了美洲，比库克船长早300年发现了澳洲，郑和的船队甚至来到了南极洲，但是就是没有绕过好望角去发现欧洲。1433年明朝下西洋的活动被叫停，半个世纪以后葡萄牙人和西班牙人才开始走向海洋。因为当时西欧开始了文艺复兴运动，复兴了希腊人的地理学观点。希腊人认为地球是圆的，而基督教认为是天圆地方，地球是有边缘的。文艺复兴把古希腊人关于地球是圆的观点复兴了，所以葡萄牙、西班牙这些欧洲最西端的国家，这些离中国和印度最远的国家，早在13世纪就受到马可·波罗的影响，知道东方有中国、印度，被传说成遍地都是黄金的地方，所以非常想到中国来。但他们不能从陆路上来，因为当时陆路被信仰伊斯兰教的突厥人控制了，他们不可能通过传统的丝绸之路来中国，再加上帖木儿之后丝绸之路开始荒废。在这样的情况下，既然地球是圆的，向东通往印度和中国的陆路走不了了，那么从理论上说，还有三条路线可行，即往北、往南、往西。因为当时不知道有太平洋和美洲，不知道有新大陆。所以葡萄牙人就往南航行，最后绕过非洲南端的好望角来到了印度，把印度变成商品集散地，又从印度出发穿过马六甲海峡进入澳门，把澳门变成了租借地。从这个意义上说，葡萄牙人就打通了从海上到达东方的道路。

而西班牙人则另辟蹊径往西走，受聘于伊莎贝拉女王的意大利籍航海家哥伦布无意中发现了美洲。其实哥伦布一直到死都不知道他发现了美洲，他以为自己到了印度。他航海探险有两个目的，一个是想发现财富，因为听说印度很富庶；另一个是想寻找基督徒。由于他们的东边是伊斯兰教徒，而且当时伊斯兰教徒把北非也占领了，直接威胁到直布罗陀海峡对岸的葡萄牙和西班牙。西班牙曾经有700年的时间被伊斯兰教徒占据，一直到1492年伊莎贝拉女王才把最后一批伊斯兰教徒赶出了直布罗陀海峡。西方人当时认为，他们的东方是伊斯兰教，然而在伊斯兰教的背后，在远东地区，也就是印度和中国，必定会有基督徒。他们认为世界上只有两种人，一种是穆斯林，一种是基督徒。哥伦布到了中美洲，在巴拿马一带登陆，他发现当时在那里生活的是印第安人。他没发现什么财富，也没有发现基督徒，但他仍然相信这就是印度。他后来回去复命，伊莎贝拉女王很不待见他，因为他没带什么东西回来。后来哥伦布又去了两趟美洲，一直到死，他都不知道自己发现了新大陆，仍然顽固地认为这个地方就是印度，所以西方人当时把这个地方叫印度群岛，后来改名为西印度群岛。哥伦布死后，另一位意大利籍航海家阿美利加（America）发现了这是一块新大陆，因为在此之前已经有人把巴拿马地峡走穿了，发现在地峡的那边还有一个更加广阔的大洋，即太平洋。于是，1525 年一个叫穆勒的德国人在编制地图的时候，就多出了一块新大陆，这块新大陆就以航海家阿美利加的名字命名，美洲就是这么来的。

不久以后，另一位受雇于西班牙王室的航海家麦哲伦又沿着美洲东海岸向南航行，穿过现在的麦哲伦海峡，进入到太平洋，一直走到菲律宾群岛，横穿了整个太平洋，航行了差不多100 天的时间。由于那段时间风平浪静，没有遭受过一次狂风暴雨，大家非常欣喜，所以就把这个大洋叫作太平洋。麦哲伦本人在菲律宾和当地的土著打仗，被土著打死了，他的大副带着剩下的船员继续向西航行，最后绕过非洲好望角回到西班牙。整个航行一共花了两年多的时间，出海时是 5 艘船 250 个水手，回来时只剩下一艘船 18 个水手。麦哲伦航行证明了地球在海路上是相通的，从此以后，西方各国纷纷走向海洋。葡萄牙人控制了印度的果阿和中国的澳门，西班牙人控制了中美洲和南美洲，荷兰、英国、法国等新兴的资本主义国家开始崛起，由于向南和往西的航路分别被葡萄牙人和西班牙人控制了，所以他们就只能向北航行，结果发现往北前往中国和印度的航路是走不通的，但是他们却发现了从美国一直到加拿大的整个北美地区，于是荷兰人、英国人、法国人就把北美地区变成了他们的殖民地。首先是荷兰人，纽约原来就叫作新阿姆斯特丹；后来英国人打败了荷兰人，夺过来改为纽约。而法国人则占领了加拿大，顺着劳伦斯河一直到路易斯安那，到墨西哥和中美洲。后来经过英法战争，北美洲的大部分地区都成为英国殖民地，但是仍然有一些地方被法国人控制，比如说魁北克地区。

自此，南北美洲相继沦为西方的殖民地，非洲的东海岸、西海岸和南非也由于航路的原因，处于西方人的掌控之下。到了 18 世纪末，从拿破仑开始，北非和阿拉伯地区也相继被西方列强所染指。18 世纪下半叶到 19 世纪初，印度成为英国的殖民地；从 19 世纪 40 年代开始，中国也面临着沦为殖民地的威胁。到了 19 世纪末 20 世纪初，西方列强已经通过海洋把几乎整个世界都占领了，世界格局自 1500 年以后发生了重大的变化。在 1500 年以前，是世界冲击欧洲，阿拉伯人占领了西班牙，土耳其把希腊和东欧都占领了，等等；但是到了 1500 年以后，由于海路的开辟，由于地理大发现，欧洲开始冲击世界。首先是非洲南北海岸线和南非、南北美洲，接着是北非和阿拉伯等传统文明地带，再到印度，最远是中国，相继遭受了欧洲的冲击。这个过程可以叫作"四化"——殖民化、西方化、现代化、全球化，这四个过程最初是同一个过程。这个过程从 16 世纪到 20 世纪，运动的方向是从西到东、从北向南，其结果是全球的殖民化和西方化，分散的国别史、区域史也因此转变为统一的世界历史。

西方化有两种模式，一种是资本主义模式，还有一种是共产主义模式。西方是指广义的西方，除了西欧还有东欧。俄罗斯夹在东西方之间，在近代的世界格局中到底是属于东方，还是属于西方，并不太明确。东罗马帝国的首都叫君士坦丁堡，1453 年被信仰伊斯兰教的土耳其人攻陷。俄罗斯最初地盘很小，经历基辅罗斯时期，12、13 世纪蒙古人来了，占领了俄罗斯，建立了金帐汗国，蒙古人统治了俄罗斯 200 年。到 15 世纪蒙古人大势已去，元朝和四大汗国纷纷土崩瓦解，于是俄罗斯就以莫斯科公国为中心开始崛起。当时的统治者伊凡大帝，即伊凡三世，他野心勃勃，刚好生逢其时，碰到一个千载难逢的机会——1453 年君士坦丁堡陷落。过去东欧最强大的力量是东罗马帝国，东罗马帝国是从古代罗马帝国的道统延续下来的。西罗马帝国 476 年灭亡，东罗马帝国又持续了 1000 年，一直到 1453 年，才被信仰伊斯兰教的土耳其人攻陷。东罗马帝国灭亡时，俄罗斯刚好从蒙古人手里通过金钱赎买的方式获得了独立，并开始崛起。那时的莫斯科公国完全是一个内陆国家，就是今天莫斯科周边的一小块地方，此前已经与周边很大的一个公国诺夫哥罗德合并。趁着东罗马帝国灭亡、君士坦丁堡陷落，伊凡三世干了两件重要的事情：一件事情是通过罗马天主教皇的撮合，娶了东罗马帝国的一个末代公主索菲亚为妻。索菲亚非常精通东罗马帝国的政治和文化，她把东罗马帝国的很多东西引入了俄罗斯，所以俄罗斯的政治和文化有着很深的东罗马帝国传统；第二件事件是他接过了东罗马帝国的双头鹰徽作为自己的国徽。在古代，整个地中海世界都是罗马帝国的，当时罗马人的军旗就是鹰旗。后来罗马帝国到了晚期分成两个国家：一个首都在罗马，叫西罗马帝国；另一个首都在君士坦丁堡，叫东罗马帝国。在中世纪，东罗马帝国的统治者想光复西罗马，重现古罗马帝国一统天下的气势，因此他们就把古罗马帝国的鹰徽改造成了双头鹰，以表示一个头在君士坦丁堡，一个头在罗马；一个头盯着东方，一个头盯着西方。后来东罗马帝国灭亡了，俄罗斯就接过了这个双头鹰徽，试图重振古人的梦想，打着罗马帝国的旗帜迅猛崛起。

无独有偶，就在 15 世纪俄罗斯人接过双头鹰旗的时候，西欧也有一个徒有虚名的帝国叫德意志神圣罗马帝国，18 世纪法国大文豪伏尔泰嘲笑它"既不神圣，亦非罗马，更称不上是一个帝国"。当时德意志神圣罗马帝国中有一个家族崛起，这就是哈布斯堡家族，他们从 15 世纪开始获得帝位，此后牢牢地控制了三四百年。这个哈布斯堡家族的徽章也是双头鹰。因此，从 15 世纪以后欧洲就有了两面双头鹰旗，分别飘扬在莫斯科和维也纳。这两面相互对峙的双头鹰旗开启了后来西方内部争斗的历史，一直到今天俄国与美国和西欧的对立。

15 世纪开始崛起的俄罗斯不仅从陷落的君士坦丁堡那里接过了双头鹰旗，而且也接替了东正教的中心地位。在东罗马帝国灭亡之前，东正教的中心是君士坦丁堡，俄罗斯人此前也信仰东正教，但是属于边缘地区。15 世纪以后，俄罗斯由东正教的边缘变成了中心，莫斯科取代了君士坦丁堡，不仅成为罗马帝国的复兴之地，而且成为东正教的神圣中心。在近代早期，俄罗斯人就是打着罗马帝国的旗子和东正教的旗子开始异军突起的。俄罗斯的近代扩张过程是极其迅猛的，从 17 世纪到 19 世纪，向南打败了土耳其人，把高加索和中亚广大地区从土耳其的控制下夺过来，一直打到黑海边。黑海的克里米亚地区就是从土耳其人手里夺过来的，以前的克里米亚既不属于乌克兰，也不属于俄罗斯，而是属于土耳其。俄罗斯又向北扩张，与瑞典打了几次北方战争，打通了波罗的海出海口，建立了彼得堡。同时又向东发展，从西伯利亚一直推进到白令海峡。在向西扩张的过程中，又先后吞并了爱沙尼亚、拉脱尼亚和立陶宛，并且三次瓜分波兰，这就导致俄罗斯与西方国家之间关系紧张。从彼得大帝到叶卡捷琳娜女皇，俄罗斯一直想加入西方大家庭，但是西方国家不同意它加入。叶卡捷琳娜本人就是德国的一个公主，嫁到了俄国，她满脑子都是西方思想，极力想加强俄罗斯的西方化浪潮，俄罗斯也是从那个时候开始逐渐西化的。俄罗斯想加入西方，因为它意识到西方代表着未来，但是西方不接受它。西方人觉得俄罗斯根本就不属于西方文明，俄罗斯人属于鞑靼人，并且具有拜占庭的东方传统，和西欧不相干，而且他们信仰的是东正教，不同于西方的天主教和基督教新教。一直到19世纪初，俄罗斯曾一度把拿破仑打败了，将欧洲各国从拿破仑的统治下解放出来。此时俄罗斯觉得西方人应该会接受它了吧，它开始以西方大国的姿态出现在欧洲政治舞台上。但是紧接着发生了克里米亚战争，以及在中国边界的日俄战争（克里木战争），在两场战争中，西方列强都站在土耳其人甚至东方的日本人背后来对付俄罗斯，从而使俄罗斯的精英阶层对西方产生了一种极其复杂的矛盾心理——他们既想加入西方，又不被西方所接受，从而对西方产生了一种既敬又恨的心理。

俄罗斯这个民族在历史上遭受了很多苦难，它是一个伟大的民族，具有吃苦耐劳、坚韧不拔的精神，而且不甘屈居人下，有一种大国沙文主义的情结。在上面所说的那种矛盾心理的作用下，俄罗斯人在 20 世纪初接受了西方最先进的共产主义思潮。原本马克思的共产主义理论是为西方最发达的资本主义国家设计的，共产主义是资本主义的社会生产力发展到一定水平时才能实现的历史结果，是水到渠成的结果。特别是在巴黎公社失败以后，马克思总结教训，发现无产阶级革命不可能在一个国家进行，要在最发达的几个资本主义国家同时爆发无产阶级革命，这样才能进入共产主义。马克思到晚年甚至不太主张暴力革命，转而强调通过生产力的自然发展，从发达的资本主义社会和平地进入共产主义。但是列宁却根据俄罗斯的现实状况提出了共产主义在一国先胜的理论，他认为，由于自由竞争时代的资本主义已经过渡到垄断资本主义阶段，所以在最发达的资本主义国家里不可能再爆发无产阶级革命，相反在俄罗斯这样的资本主义薄弱环节才有可能爆发无产阶级革命。后来俄罗斯果然发生了十月革命，建立了苏维埃政权和社会主义制度。在 20 世纪的大部分时间里，俄罗斯一直与西方国家处于紧张的对抗关系中，俄罗斯人憋足了一股劲，一定要在政治、经济、军事和文化等各方面超过西方，一定要比西方更加先进、更加现代。这样就导致了"冷战"时代的全面大竞争，造成了"二战"以后两种社会制度、两大政治阵营你死我活的对立格局。

这场全方位的大竞争影响了全世界，但是说到底它们都是西方化的结果，一个是通过海洋途径把资本主义体系传播到全世界，另一个则是通过欧亚大陆桥将社会主义体系扩展到全球。由于这两种体系都是从西方传来的，所以这种冲突实质上是西方内部的历史矛盾在全球化时代的一种特殊表现。西方文明用双手环抱着整个世界，它的左手与右手之间发生了激烈的冲突，因为全世界都是它展开内部矛盾的一个现实舞台。从历史根源来看，资本主义这种唯利是图的社会模式最初源于罗马帝国的功利主义，而共产主义建立一个公平正义世界的社会蓝图则是植根于基督教的千年王国理想，二者的矛盾早就埋藏在罗马帝国与基督教的历史纠葛之中。因此，20世纪影响整个世界达半个多世纪的两大政治体系之间的冲突，即资本主义和共产主义，这两种政治意识形态实质上是西方内部矛盾在全球化时代的一种扩大化表现。到了20世纪末叶，这个政治意识形态冲突的时代结束了，我们开始面临着一个全新的时代，这就是亨廷顿所说的"文明冲突"的时代。

自从西班牙、葡萄牙这两个国家率先通过海洋走向世界开始，西方文明就开始影响世界和瓜分世界。从15、16世纪开始瓜分，到18世纪这个世界基本已经被瓜分了大半。那时候基本上分为几大块：一块是伊比利亚王国的殖民地，即中美洲和南美洲；一块是法国在非洲西部、中部以及北美魁北克等区域的殖民地；一块是英国的殖民地，包括大部分北美地区；还有一块是俄国扩张所侵占的东欧、中亚的广大地区。除此之外，在18世纪，北非、东非、阿拉伯地区、小亚细亚、西亚、印度以及中国还没有被瓜分。随后，印度逐渐成为英国的殖民地，19世纪阿拉伯世界和中国也相继沦为西方的殖民地和半殖民地。以中国为例，在"九·一八"事件以前，西方列强在中国都划分了势力范围，广东、广西是法国的势力范围，云贵川是英国的势力范围，东北和蒙古草原是俄国的势力范围，福建和台湾是日本的势力范围，胶州湾是德国的势力范围，只有美国在中国没有势力范围。历史学家汤因比在其著作《大地与人类母亲》一书的序言里说道，1897年英国维多利亚女王执政60周年的时候，西方人踌躇满志，他们认为，此时此刻回顾历史，似乎结局已定。因为过去的人类历史充满着各种冲突、战争、矛盾，但是随着全世界都变成西方的殖民地和半殖民地，人类的历史已经进入一种终结状态，其后的历史将是全人类在西方文明的带领下，走向其承诺的共同幸福的前景。

结果未曾想到的是，进入20世纪不久就爆发了规模空前的战争。斯塔夫里阿诺斯在《全球分裂》一书中写道，20世纪是分裂的世纪，在1945年以后就表现为两大阵营的分裂，最后形成了如下格局：一边是以苏联为首的共产主义阵营，包括中国、东欧等社会主义国家；另一边是以美国为首的资本主义阵营。这种"冷战"状态持续了40多年，实际上就是两种政治制度和经济体系谁战胜谁、谁最终征服世界的冲突。

1993年，美国哈佛大学教授塞缪尔·亨廷顿在《外交事务》上发表了题为《文明的冲突》一文，此文以阴郁低沉的笔调为西方人描述了一幅后冷战时代的世界图景，从而在全世界引起了一场大辩论。他在文中提出了一些令人震惊的观点，在20世纪90年代，苏东发生巨变，苏联分裂成十几个国家，东欧社会主义阵营纷纷易帜，转向资本主义体系，西方如美国前总统尼克松所说的那样"不战而胜"。当时中国是保留下来的少数社会主义国家之一，我们当时的重心就是怎么防止和平演变在中国出现，怎么保住硕果仅存的社会主义制度。而在这个时候，亨廷顿却提出了一个观点，他认为 21 世纪人类将不会再为资本主义和共产主义的冲突而打得头破血流，这个主题已经过时了，人类将会重新进入到文明冲突的时代。就像我在前面提到的，西方化有两条路径，一条是资本主义化，一条是社会主义化，这两条路径把全世界都裹胁了。在"冷战"时期，你要么倾向于资本主义，要么倾向于社会主义，再不然就是加入所谓的"第三世界"，而"第三世界"的大多数国家都是墙头草，摇摆在两个阵营之间。在西方化的这两种潮流的冲击之下，传统的四大文明完全被掩盖了。但是随着"冷战"时代的终结、两大政治意识形态对立的结束，传统的文明体系将会凸显，文明和文明之间的边界将变得越来越清晰，文明和文明的冲突将会构成未来世界人类冲突的主要形式。亨廷顿当时还提出预测，20 世纪将出现伊斯兰教文明和儒教文明联合起来共同对抗西方基督教文明的情况。此言一出，在华人世界中引起了强烈的抗议，很多学者纷纷撰文指责亨廷顿唯恐天下不乱，并认为人类冲突的时代已经结束，世界未来将要进入一个普世和谐的时代，儒家的和合观念将流行于全世界。这种乐观主义的态度让我想起了前面提到的 1897 年维多利亚女王执政 60 周年时的情形，当时西方人也信心十足地认为，世界历史结束了，全世界都将进入到一个由西方文明主导的普世和谐状态中，结果没想到 20 世纪却是一个充满了冲突和战争的时代。我认为，亨廷顿的观点有他的道理，他的立场当然是站在西方的，他希望维持西方文明的主流地位，他提醒欧洲不要为了一些蝇头小利与美国弄得剑拔弩张，大家都是基督教，血浓于水，应该共同应对东方崛起的伊斯兰教文明和儒教文明的挑战。他的立场无疑是西方的，但是他对未来世界格局的分析还是有一定道理的。亨廷顿后来又在1996年出版了一本书，叫《文明的冲突与世界秩序的重建》，这本书通过大量的资料试图进一步论证，21世纪人类将面临文明冲突的极大可能。他同时也为自身辩解，表示自己不是在宣扬和倡导文明冲突，而只是在预测有这种可能性，从而让大家尽可能地把它限制在最小范围内。不久以后，在2001年果然发生了"9·11事件"，西方基督教世界与伊斯兰教世界之间的矛盾骤然激化，亨廷顿无疑会认为，这不就是他所预测的文明冲突吗？后来从阿富汗战争到伊拉克战争，从北非利比亚革命再到今天叙利亚的格局，都进一步加深了西方文明与伊斯兰教文明之间的鸿沟。

在这本书中，亨廷顿提出了一个非常有说服力的论据来支持他的文明冲突论，他写道："20世纪伟大的政治意识形态包括自由主义、社会主义、无政府主义、社团主义、马克思主义、共产主义、社会民主、保守主义、国家主义、法西斯主义和基督教民主，它们在一点上是共同的，即它们都是西方文明的产物。没有任何一个其他文明产生过一个重要的政治意识形态。然而，西方从未产生过一个主要的宗教。世界上的伟大宗教无不是非西方文明的产物，而且，在大多数情况下是先于西方文明产生的。当世界走出其西方阶段时，代表晚期西方文明的意识形态衰落了，它们的地位被宗教和其他形式的以文明为基础的认同和信奉所取代。……西方所造成的文明间的政治思想冲突正在被文明间的文化和宗教冲突所取代。"

　　亨廷顿认为，世界现在有四大文明，第一个就是基督教文明，它仍然引领着世界潮流。西方人普遍认为他们的文明是基督教文明。基督教文明包括两部分，一个是新美洲，主要指美国和加拿大这两个强大的资本主义国家；另外一个是老欧洲，也就是西方的资本主义国家。当然，在这两者之外还有两个边缘地带，那就是俄罗斯，因为它是东正教文明，仍然属于广义的基督教范畴。虽然由于种种原因，俄罗斯在历史上一直与西方国家剑拔弩张，但是它们毕竟是同一种宗教、同一种文明，只不过俄罗斯属于基督教文明的边缘地带，就像拉丁美洲也是基督教文明的边缘地带一样。第二个文明就是伊斯兰教文明，主要包括中东和近东。伊斯兰教文明又可以分为几部分，第一部分是阿拉伯穆斯林，伊斯兰教最早就是由阿拉伯人创立的，包括老阿拉伯和新阿拉伯地区。第二部分是波斯穆斯林，主要在伊朗，也包括阿富汗、巴基斯坦、伊拉克、叙利亚的一部分，波斯文明比阿拉伯文明的历史更加悠久。波斯人在公元7、8世纪被阿拉伯人征服，接受了伊斯兰教，但是他们并没有接受阿拉伯语言，仍然使用他们的波斯语，其文化传统还保持着，一直到今天，伊朗民间的拜火教势力都非常大。而且由于波斯穆斯林在信仰上属于伊斯兰教的少数派——什叶派，所以他们与阿拉伯穆斯林格格不入。第三部分是突厥人，他们在14、15世纪建立了奥斯曼帝国，曾一度统治了小亚细亚、西亚、北非和东欧的广大地区，非常强盛。虽然今天奥斯曼帝国已经衰落了，但是瘦死的骆驼比马大，突厥穆斯林仍然是一支举足轻重的力量。从土耳其到阿塞拜疆，过里海到土库曼、乌兹别克、吉尔吉斯、哈萨克、塔吉克，然后一直连接中国新疆的维吾尔族，他们都属于突厥人种。最后，在东南亚区域还有一个部分，即马来穆斯林，但他们远离伊斯兰教的中心地带。

除了这几大部分外，还有一个很重要的分支，那就是库尔德穆斯林。库尔德民族是中东地区的第四大民族，人口仅次于阿拉伯人、波斯人和突厥人，有 2000 多万，但是他们却没有一个国家。库尔德人生活的地区像一个菱角一样，分别被 6 个国家包围着，这 6 个国家分别是伊朗、伊拉克、叙利亚、土耳其、亚美尼亚、阿塞拜疆。除亚美尼亚外，都是伊斯兰国家，但是它们在民族方面有的是阿拉伯穆斯林，有的是波斯穆斯林，有的是突厥穆斯林；在教派方面有的是什叶派，有的是逊尼派；在政治上有的曾经站在苏联一边，有的站在美国一边。而且它们彼此之间还有着历史的仇隙，比如伊拉克和伊朗之间发生过两伊战争，土耳其与亚美尼亚之间有着不共戴天的仇恨，叙利亚和土耳其也是死对头。总之，它们之间的关系极其复杂，而库尔德人就夹在这 6 个国家之间，每个国家都要防止自己境内的库尔德人独立，但是又在暗中支持敌对国家中的库尔德人搞垮对方的政府。本来就已经够乱了，再加上美国等西方势力的插手，库尔德人问题成了一个非常棘手的问题。

我们从世界地图中可以看到，中东和北非的一些阿拉伯国家的分界线画得很直，原因就是当西方退出殖民体系的时候，他们的外交官员用红铅笔在地图上画出来的，结果就把一个阿拉伯世界分成了 22 个国家。但是许多阿拉伯人却始终认为，大家都是一个民族，应该同属一个国家，所以他们要求建立一个统一的伊斯兰教国家，这就是伊斯兰原教旨主义的政治主张。

在亨廷顿所说的四大文明中，只有基督教文明完成了现代化转型，其他几个文明仍然面临着现代化转型的问题。由于内部的分歧和西方国家的干预，伊斯兰教文明现在仍然处在一片乱象中。中国儒家文明是一个生长于宗法社会中、靠科举制度来沟通朝野的文明体系，在古代中国，儒家能够成为人们自觉奉行的安身立命之本，主要靠3个东西，一个是官方从上至下的推崇，一个是科举制度打通朝野，还有一个是赖以植根的宗法体系。而在今天，儒家如何与现代化的处境相适应，这是一个大问题，它仍然处在文化转型的艰难过程中。印度教文明也同样面临着文化转型的问题。

中国人都很不认同亨廷顿所说的未来世界将出现伊斯兰教文明和儒家文明联合对抗西方基督教文明的前景，但是从另外一个角度来看，"9·11事件"以后，伊斯兰教世界被西方人看成恐怖主义最主要的滋生地，21世纪的绝大多数冲突都发生在伊斯兰教地区，而且大多是由西方所策动的。20世纪并没有"反恐"这一说，21世纪"反恐"的调子是由西方大国来定的，可见在21世纪，首先被西方世界视为敌人的，就是滋生恐怖主义的伊斯兰教世界。另一方面，今天中国的崛起，对西方尤其是美国来说，无疑是潜在的对手。双方固然有很多合作，但是西方人很清楚地知道，一个迅猛崛起的中国将是他们未来的主要挑战者。美国是一个非常务实的国家，国际战略往往具有前瞻性，21世纪美国的战略重心向亚太地区的转移，恰恰说明了美国已经将中国视为未来的主要对手。美国一边靠着太平洋，另一边靠着大西洋，它可以左右逢源。美国把战略重心转向亚洲，是因为它知道未来最大的挑战将来自亚洲，而欧洲和中东已经不是主要问题。在亚洲，印度和西方的关系非常好，是美国重要的战略伙伴，俄罗斯是美国和西方的传统对手，但是中国的崛起将被视为美国最主要的潜在威胁。

爱丁堡大学基督宗教研究中心每隔七八年就会做一次全球宗教状况的统计，最新的一版反映了1910～2010年世界各大宗教的变化情况，基督教是世界第一大宗教，2010年世界人口有69亿，其中基督徒占近23亿，包括天主教、基督新教、东正教，都是信仰基督耶稣的。伊斯兰教徒有15亿人，绝对人数虽然比不上基督徒，但是增长得非常快，在100年前只有两亿多，100年后增长了7倍，达到了15亿。可见穆斯林现在是爆炸式增长，而且向西方渗透得很厉害。难民和移民就是两大问题，英国退出欧盟的原因之一就是怕太多的穆斯林进入英国，因为穆斯林的高生育率和高皈依率，而西方发达国家是人口负增长，很多人也不愿意信基督教了，这样一来，基督徒不论是在出生率还是在皈依率方面都在下降。现在基督徒和穆斯林的比例是3∶2，有人预料，到2050年，穆斯林很有可能成为世界第一大宗教。但是也有西方学者提出新的观点，认为现在基督教出现了新的趋势，那是"上帝在南下"，意思是现在基督教最主要的热点地区已经不是在北半球，而是在南半球，例如基督教在非洲发展得很快，当然还有亚洲。

在今天这个市场化时代，世俗化的浪潮对宗教是有冲击力的，所以人们不会像以前那么虔诚。但是基督教在西方世界仍然是主流，无论是在北美、欧洲、拉丁美洲还是澳洲，信徒基本上都在80%左右。在非洲，20世纪基督教也出现了爆炸性的增长。非洲以前是蛮荒之地，在1910年的时候非洲的文明程度还很低，东西海岸线很早就被西方殖民者统治，但是中间的非洲（包括西非）基本上是蛮荒之地，虽然名义上是西班牙和法国的殖民地，但它们没有什么实际意义。今天的非洲已经摆脱了殖民统治，政治上取得了独立，经济上有所发展，文化上传统宗教受到了基督教和伊斯兰教的挑战。非洲今天有两种势力，北非是伊斯兰教势力，他们通过撒哈拉大沙漠不断向南渗透；东西海岸线和南非是传统的基督教势力，他们不断地向中间地带扩张。这样就形成了北边的伊斯兰教向南压、东西海岸线和南非的基督教往中间渗透的格局。今天基督徒和穆斯林在非洲几乎是各占一半，基督徒在非洲占总人口的47.9%，如果把北非去掉的话，这个比例就是70%～80%了，因为北非基本上是穆斯林的天下。与非洲基督徒的爆炸性增长相比，亚洲基督徒在这100年间没有太明显的增长，2010年基督徒只占总人口的8.5%。为什么会这样呢？因为亚洲是其他传统宗教的重镇，西亚、中亚和小亚细亚是伊斯兰教的天下，基督教很难发展。例如土耳其，它与西方国家的关系不错，在政治制度上是资本主义，参加了北大西洋公约，和美国、欧洲的关系都很密切，采用西方的议会政治，进行民主选举，经济上也是市场经济，但是宗教上却是清一色的伊斯兰教。南亚则是印度教的地区，印度和西方的关系很密切，但是印度人绝不接受西方的宗教。今天90%的印度人信仰印度教，少数人信仰锡克教和伊斯兰教。在亚洲的其他国家，五大斯坦信伊斯兰教；蒙古是内地国家，比较封闭保守，传统上就信奉藏传佛教，不太可能接受外来的宗教。中国可能是基督教发展的一片热土，不像伊斯兰教地区或印度教地区那样抵触基督教。但是今天中国的传统文化也在复兴，儒释道和民间宗教都在复兴，对基督教同样形成了很强的软阻力。今天有一个很时髦的概念叫"软实力"，传统宗教的复兴就是一种"软实力"。还有一个有意思的现象，今天在韩国有40%的人信基督教，而在日本基督徒只占人口的2%。这是由于日本人有着自己的传统宗教——大和民族的神道教，以及早年从唐朝传过去的佛教，这是日本人信仰的两个最主要的宗教，所以他们不接受基督教，当然也不会接受伊斯兰教和印度教。而韩国人却缺乏自己的传统信仰，所以他们很容易接受西方传来的基督教。

总而言之，最初全球化是"四化"合一——即全球化、西方化、殖民化、现代化。但是到了今天，随着非西方世界纷纷在政治独立、经济发展的过程中开始文化重建，开始提出建设有自己特色的现代化的口号。比如中国要建设有中国特色的现代化，印度要建设有印度特色的现代化，这样一来，必将会出现不同特色的现代化。英国牛津大学著名历史学家约翰·达尔文指出："最重要的是，欧洲迈向现代世界之路，不该再被视为天经地义或'正常'之路，不该再被视为衡量世界其他地区历史变迁的标准。欧洲人已打造出自己的现代性，但世上还有其他现代性，事实上，还有许多现代性。"也就是说，也许现代化不是一元的，不是线性的，而是多元的，"条条大路通罗马"。现代化具有硬性指标，如市场经济、民主政治、系统性的科学和系统性的教育等，但是这些东西既可以从基督教文明中发生，也同样可以在实现了自我更新的伊斯兰教文明、印度教文明和儒家文明的文化土壤中发生，并不是说只有基督教文明才能生长出现代化。

就上面说的"四化"而言，当今世界的总体趋势是，殖民化时代已经结束了，西方化的潮流也正在退潮，但是人类社会之间的联系却越来越密切，全球化的影响也越来越广泛，而现代化则是世界各国都要走的必由道路。100 多年前，无论是后来走上共产主义道路的陈独秀、李大钊，还是走上三民主义道路的蔡元培、胡适，他们都有一个共同特征，就是主张"全盘西化"，认为只有西方才代表着现代化。而在今天，大家发现可以走一条有自己文化特色的现代化道路。在当今时代，随着殖民化和西方化的消解和退潮，非西方世界面对西方文化的挑战可能会有两种不同的应战模式，一种是拉美模式，这个地区的特点在于，它的文明化历程和殖民化历程是同步发生的，正是西方殖民主义者的征服才把他们从蛮荒之中带入文明，由于一开始就接受西化的教养，所以今天只能全盘西化。今天拉丁美洲国家在政治上、经济上与西方发达国家有很大差距，但是在文化上却是完全西化，完全融入基督教文明。大家知道，世界上最大的基督雕像就在里约热内卢，拉丁美洲基督徒占人口的比例最高。非洲的情况也与拉美相类似，一些非洲国家今天也面临着在文化上基督教化的前景。另外一种是亚洲（包括北非）模式，亚洲的国家以及北非的埃及、利比亚、阿尔及利亚、摩洛哥、突尼斯等国的情况是，人们在被殖民化以前就已经有了自己根深蒂固的高级宗教文明，因此一旦摆脱了西方的殖民统治，在政治上独立、经济上发展的同时，就一定要在文化上回归和重建自己的传统宗教和价值体系。正是这样，今天中国出现的国学热，印度的印度教复兴，伊斯兰教的原教旨主义都是殊途同归、不约而同的时代潮流，这些地区都有着根深蒂固的传统文化根基。可见，亚洲模式与拉美模式是完全不同的。过去曾经有西方学者提出，欧洲的过去将是亚洲的未来。然而亨廷顿却认为，也许亚洲的过去将是亚洲的未来。这就是全球性时代的文化复兴趋势。现代化的道路是大家都要走的，经济的发展、政治的民主化、科学教育体制的完善等，都是现代化的题中之意。但是文化却是殊途的，不同国家和地区走向现代化的道路是不同的。这种差异未必会导致文明的冲突，但是它确实表现了一种文明分野的前景。

人工智能的伦理风险及其哲学反思

郁喆隽[*]

一　为何谈论"人工智能"？
从"AlphaGo"说起

我不直接研究人工智能，对这方面也没有直接开发的经验。我更多的是从几百年甚至上千年以来一直困扰人类的基本哲学视角出发，来看待技术的发展可能带来的风险。

关于今天这个话题"人工智能的伦理风险及其哲学反思"，

———————————

[*] 郁喆隽，复旦大学哲学学院副教授，德国莱比锡大学哲学博士。主要研究领域为宗教社会学、社会科学的哲学、中国民间宗教、马克斯·韦伯等。开设有上海市精品课程"新教伦理与资本主义精神"导读，著有《神明与市民：民国时期上海地区迎神赛会研究》等学术专著。

第一个问题其实就是定义，即什么是人工智能。人工智能仅仅是一个机器用的符号，它的内核其实并不清晰。之前"深蓝"战胜国际象棋大师卡斯帕罗夫，可能并不让人感到非常意外。因为我们知道计算机的计算能力，在数量级上远远超过人类。而2016年引起全世界关注的"AlphaGo"战胜李世石，或者说，人类被DeepMind这个谷歌的团队所击败，是否意味着一座人工智能发展的里程碑呢？

如果大家现在到书店或网上买书，会发现很多关于人工智能的书籍。在最近的5年内，人工智能成了一个井喷式的谈论话题。有很多写这类书的人，被冠以"未来学家""人工智能教父"等头衔。但是我个人理解，其实这些人都是通过谈论人工智能，吸引风险投资进入这个领域。在某种程度上，这势必会令人产生一个疑问：当这么多资金流入这个领域后，会产生怎样的科研和社会效应？

那么"AlphaGo"是不是代表人类智慧的最后尊严被人工智能所践踏呢？当年国际象棋的棋盘，每一步的可能性都是比较有限的（1046），而计算机深度的计算能力基本可以推测到十几步之后，人类的计算可能远远不及它。当"AlphaGo"和李世石对决时，DeepMind其实用了两套独立的算法，一套是深度预测，不过预测并不深，只看到几步之后。但是因为棋盘更大，所以下子的可能性会呈几何级数增长（10172）。我后来看了一篇DeepMind的分析文章，让我感到更惊讶的是，除了计算能力，人类的另一种能力，即学习能力上也不及DeepMind。一个职业棋手一辈子能和对手对弈的棋局、能够读完的棋谱的数量，

DeepMind 通过它的机器学习能力在一个月之内就可以完成了，这是一个很可怕的事情。所以深度预测和学习能力结合在一起，是否会把人类智力给剥夺掉呢？

二 "奇点"临近?

最近两三年有很多世界一流的业界领袖、学者和知识分子，比如特斯拉 CEO 马斯克、霍金、比尔·盖茨等都提出了对未来的一种担忧，即所谓的"奇点"（singularity）临近。宇宙大爆炸（Big Bang）也是一个奇点。那这里的奇点是指什么呢？

奇点就是"超级人工智能"诞生之后，人类这个种群再也没有办法跟它全面匹敌和抗衡，甚至失去了对它的控制——就是一种飞跃式的发展，人类再也不可能追上它。在这种情况下就产生了一种集体的恐慌，像霍金这样世界一流的物理学家就会看到这个问题。但是也有人说他们是在杞人忧天，奇点来临没有我们想得那么快。不过现在关于这方面的讨论是比较多的。

我在给学生上课时找到了一份来自牛津大学的研究机构（Future of Humanity Institute）在 2008 年出具的全球灾难性风险调查报告，有几件事件在 21 世纪的这 100 年中可能毁灭人类整个种群。我们知道人类基本上属于"不作就不会死"的种群，很多事情就是人类自己作出来的。传统的自然灾害很难把人类全部毁灭，除非是小行星撞地球，或者地磁倒转等小概率事件。大部分时候人类对自身产生威胁的可能性更大一些。在这个报告中，风险排名第一（概率最大）的是纳米武器，第二位就是超级人工智能。按照这个机构的测算结果，超级人工智能在 21 世纪内杀死超过 100 万人的概率超过 10%，造成人类灭亡的概率有 5%（当然机构没有给出具体算法以及依据）。再往下排就是战争、流行病，尤其是众所周知的超级细菌和超级病毒。我在做慕课（MOOC）的时候同一位药学院的老师有过交流，现在人类过度使用抗生素，因此病毒和细菌的抗药性特别强。因为在这种高抗生素的剂量下，自然环境中包括长江水里都有大剂量的抗生素。细菌的变异非常快，周期在 3~4 年。但是我们要发明新一代的药物，所需周期在 10 年左右，所以赶不上细菌变异速度。

超级人工智能的确变成了一个公众关注的话题，它有浪漫主义的科幻色彩，但是一旦实现有可能成为人类的集体灾难。当然从哲学的定义来讲，这个讨论整体来说是有一点经验主义的。众所周知，所谓摩尔定律的极限，就是当购买价格不变的情况下，芯片单位面积上的元器件数量应该在两年内翻番。这完全是一个经验的预测。但这样预测在某种程度上变成了一个行业准则，也就是说一家生产处理器或计算机产品的企业，若达不到摩尔曲线的增长速度，就没有人会买你的产品。所谓 2000 年出现的极限，这个极限究竟在什么地方？首先是元器件越做越小，这个尺度不可能穷尽下去；第二个就是散热、耗能的问题。当然也有一些技术专家说这不是问题，因为有量子计算机。但是量子计算机基本上和量子通信一样还飞在天上，至今还没有生产出一个让人信服的产品。那么，摩尔定律仅仅是一个运算能力上的指标，对人工智能来讲就是一个硬件的要求，并不会产生实质性的改变。

三　何谓"人工智能"?

"人工智能"（artificial intelligence）这个词是 20 世纪 50 年代时由一个叫 McCarthy 的学者提出来的。不过这个定义到现在还众说纷纭，并没有统一。按照他当时的想法，人工智能就是设计和研究智能的行动者。如果我们从哲学的角度来说，这个定义是不合格的，为什么不合格？因为这是一个循环定义，"智能是研究和设计智能的行动者"，也就是用智能来定义智能。如果我们按照所做的事情进行细分，我们发现人工智能的目标是非常多的，包括推理、分析、学习、计划，还包括自然语言、感知和情绪等。基本上是用所谓的人工智能来做我们认为人可以做的很多事情，甚至代替人去完成一些行动和功能。

所以我们大概知道，如果要对人工智能区分出几个层级的话，可以有"弱人工智能""强人工智能"与"超级人工智能"。而引起像霍金这样的一流学者恐慌的，不是弱人工智能，也不是强人工智能，而是所谓的超级人工智能。那么这几个层次的基本区别是什么呢？一般而言，所谓的弱人工智能只不过是让机器替代人的一种能力。比如说像"深蓝"，它可以在下国际象棋时通过下子取得棋局的胜利。但是，这仅仅是人类能力的很小一部分。我们人类还有很多别的能力，比如我们可以欺骗别人，然而在棋盘上就用不上欺骗这个东西。强人工智能就是对人类全部的行为能力和思维能力的代替和超越。所谓超级人工智能目前更多出现在科幻片中，例如《超体》（*Lucy*）。到目前为止，我们所看到的最强大的人工智能，包括 DeepMind，不过是弱人工智能。
它不能自我复制、自我生产。

网上有一位人工智能专家认为，超级人工智能的出现概率可
能是正态分布的，差不多在 2020～2030 年会大概率出现超级人
工智能。如果这是真的，在座各位有生之年都能看到超级人工智
能的出现，这个是有点骇人的。那么从强人工智能过渡到超级人
工智能究竟需要多少时间呢？很多未来学家认为这会是一种加速
度发展，会让人类猝不及防。你完全没有时间反应，它就已经完
成了演化。

所以最近电影工业、大众娱乐对人工智能问题也产生了集
中的关注，主要是在好莱坞。因为我们知道好莱坞所处的加州，
天然就和硅谷、斯坦福、伯克利等科技怪才聚集地非常契合，
双方有很多的交流。比如像美剧《生活大爆炸》（*The Big Bang
Theory*）中加州科技大学的那些人，对这些问题就非常关注。所
以这种大众娱乐、文化和技术之间，是有一种勾连在一起的共谋
关系的。比如大家看到的比较早的斯皮尔伯格拍的人工智能电影
《人工智能》（*AI*），到后面对阿西莫夫经典小说的改编《我，机
器人》（*I，Robot*），再到《机械危情》（*The Machine*），之后又出
现了很多美剧。像吕克·贝松的电影《超体》就是讲了一个超级
人工智能的出现，并且最终无处不在。我感觉吕克·贝松对科技
话题的把握总差一口气。因为电影是要用一个视觉化、具像化的
方式来呈现，但是如果按照超级人工智能的定义来看，它是不需
要视觉呈现的。2015 年我看了一部英剧叫作《真实的人类》
（*Humans*），它道出更多的伦理、家庭方面的问题。当一个具有

强人工智能的家政服务机器人来到我们的家庭里面的时候，它会导致我们的家庭、人伦出现哪些危机和挑战呢？

很多人在看《终结者》（*Terminator*）系列电影的时候，会把它仅仅当作一部动作片，但是我们忘记了整个《终结者》系列世界观的设定前提是什么。其实是北美防空司令部的超级电脑失控，突然之间它发起了一场席卷全球的核战争。刚刚提到的词"失控"其实是"技术的失控"。这和20世纪60年代的好莱坞经典影片《奇爱博士》（*Dr. Strangelove*）很像。在"冷战"期间，美国和苏联设想相互进行核打击，要求在对方的第一波打击之后，核武库中幸存下来的核弹头还能把对方毁灭一次。这时候人都变得非常理性，谁也不敢轻举妄动。《奇爱博士》里面有一个场景就是轰炸机上面携带的核弹一旦飞出去就不能停下来，人只能把核弹扔下去直到完成任务，这样的设定带有很多预测不到的风险。而《终结者》中虽然出现了很吓人的液体金属机器人，但这只是小儿科。为什么会导致机器人对人类的统治呢？它的前提用人类的话来讲，是因为电脑"疯掉"了。影视作品是比较超前的，或者说是以科幻的方式来呈现。我们不得不承认，好莱坞作品是有一种敏感性的，它能够把这个时代，或者未来一二十年当中大家最关注的、对人类生活将产生最大影响的元素给表现出来。

四　何谓"智能"？

我们之前对人工智能给出了一个定义，就是研究设计具有智能的行动者。这个定义完全不符合哲学或任何学术上的要求，所以我们紧接着就要追问一个哲学问题，什么是智能？这是一个很要命的问题。

出于人本主义者为数不多的一点尊严和骄傲，至今为止我们觉得在茫茫宇宙当中，已知的具有智能的生物只有我们人类，也就是"智人"（homo sapiens）。而且，人之所以具有如此强大的能力，例如建造出浦江对岸这么高大上的金融贸易区，可能仅仅是因为人类大脑皮层上很小的一些变化。人的智能整个生物演化进程当中，是不是一个很偶然的因素？或者说，在整个宇宙演化过程当中，智能是一个非常晚近才出现的现象。更要命的是，到现在为止虽然我们一直在思考问题，但是我们并不清楚大脑是用一种什么样的机制在工作。现在有很多做神经生理学、脑科学的人在研究这个问题。我认识一位在德国马克斯－普朗克研究所工作的博士。他的工作是用一个加强核磁共振来扫描人的大脑。以往的研究表明，当人在做数学计算或者听写默写时，大脑皮层的某些区域会出现高亮，说明该大脑皮层正处于活动的过程中，而这个学者做的工作是研究人处于闲置放松的状态下大脑工作的过程。这也是一个很奇怪的事情，因为我们知道，大脑跟电脑有一个很大的区别在于，如果你把电脑拆开了会看到它最重要的部件，也就是CPU——中央核心处理器；但是如果把大脑拆开了是找不到CPU的，或者说很多时候大脑的某个皮层的作用是可以被另外的皮层所取代的。所以我们在一些极端的外科创伤历史上会看到，有的人失去了 1/3 ~ 1/2 的大脑却没有死掉。大脑某些功能被另外的脑区所取代，这是一个很有意思的现象，也是电脑和大脑一个很大的区别。这也导致了人工智能对这个问题的讨论会出现分歧。

最要命的一个问题是什么？我们天天都在用大脑的思考能力，但是我们并不清楚我们为什么会这样思考；就像我们每天都在吃饭，但是我们并不必须知道消化系统的生理机制是什么。所以问题就是现在我们不清楚智能的运作机制是什么。因此，我们也有理由担心，智能是不是人类所独有的。我们知道宇宙学上有"费米悖论"这个说法：宇宙中有这么多星系和恒星，肯定有非常类似地球这样适合智能生物发展的系统，但是为什么至今为止我们还没有接触到这样的智能生物呢？

这是一个悖论：从概率来说应该会有，但是从经验上来说还没有发生。会不会像威尔·史密斯演的电影《黑衣人》（*Men in Black*）中那样，外星人已经在我们身边了，只不过我们认不出来而已。当然这只是一个说法，本身不完全是科学问题，就像生物学家很难来定义究竟什么是生命一样；做人工智能的学者也很难定义什么是人工智能。这是一个哲学问题。

传统哲学有形而上学、本体论、认识论、伦理学、逻辑学等分支，而最近又形成了一个分支，叫"人工智能哲学"（philosophy of artificial intelligence）。这个名字听上去好像很酷炫。怎么会有这样的哲学分支呢？人工智能的一些基本问题其实跟传统哲学中的认识论，包括心灵哲学、语言哲学是非常契合的。如果大家对这个分支非常感兴趣，我推荐一本书，叫作《心我论》。它是关于语言哲学和心灵哲学的一本很好玩的书，作者叫丹尼尔·丹尼特，是当代美国的一位很著名的哲学家。里面使用了科幻小说，甚至是架空小说的方式来谈哲学问题。人工智能哲学也就是现在哲学前沿领域和现代科学相互接触和互动的一个分支。

五　笛卡尔的二元论和"自动机"

为了回答"什么是智能"这个问题，以及哲学上对智能的定义，我们必须回到哲学史上来看。回到多远呢？不用回到古希腊，我们稍微往后退4个世纪，回到笛卡尔。他是近代欧洲哲学开山祖师般的人物。17世纪初他写了一本很有意思的书，叫《谈谈方法》（*Discours de la Méthode*）。当中有一段话："我们知道人的技巧可以做出各种各样的自动机，即自己动作的机器，用的只是几个零件，与动物身上大量的骨骼、肌肉、神经、动脉、静脉等等相比实在很少很少，所以我们把这个身体看成一台神造的机器，安排得十分巧妙，做出的动作十分惊人，人所能发明的任何机器都不能与它相比。"

笛卡尔的世界观很有意思，基本上是机械论。17世纪的人已经初步具有解剖和生物学的知识，把人开膛破肚挖出来一看，发现人跟钟表其实没有什么太大区别。除了所谓的有血有肉之外，其实每个脏器也就是完成了特殊的功能而已。他写道："我们完全可以设想一台机器，它可以吐出某些字，做出某些动作。比如我们和它握手，它能跟你打个招呼说你好这样的话，或者它能说出我们要求它说的话，但是它绝不能把这些字排成别的样式，也做不到适当回应别人说的话，而这是最愚蠢的人都能办到的。"

在笛卡尔那个时代所处的技术水准，他已经可以想象存在某种非常精妙的机器，即刚才提到的"自动机"。这有点儿像简单的木偶，它可以回答你的问题，但是恰当回答的数量可能还是极小的。这里的"自动机"其实就是一个机器，它可以自行其是，当然"意志"（will）这个词是有很强烈的哲学包袱的。我们生活中其实有很多自动机，甚至在笛卡尔的 17 世纪就已经存在大量的自动机，比如说我们常见的布谷鸟钟。在日本还有一种很厉害的机关人偶，厉害到什么程度呢？它可以展开一个扇面，然后在扇面下写下一首诗。但是它只能做这个，所有动作的可能性全部包含在已经被设计好的机械机关里了。另外，我们知道的八音盒，其能够演奏的全部音乐就在它自带的打孔的带子上。除此之外，它没有任何别的能力。不过在笛卡尔时代就已经有这样类似自动机的观念。

但是如果我们来分析一下笛卡尔的立场，首先他持有的是典型的机械论观点，就是把人这种生物的自然构造和一个机器做类比，但是他又觉得这两者之间有一个很大的差异，为什么存在这种差异呢？这就必须从笛卡尔的二元论的哲学讲起。笛卡尔认为，这个世界上有两类东西，一类是物理性的事物，比如我们能看到的桌子、电脑、鼠标、手机等。它占有广延，也就是有长、宽、高，我们捏到手上是有质感、重量的。另外一类东西，是所谓精神性的东西。人是有精神活动的，包含语言等。这样的二分很直观，但在人这里却有交际：人有身体和心灵这两类绝对不同的东西。我们可以拿把刀把自己的身体毁坏掉，但我们怎么来毁坏自己的心灵呢？心灵似乎不占广延，它没有长、宽、高，但是它有内容，我们知道它在想什么。按照笛卡尔最著名的命题：

"我思故我在"。这个"我"是纯粹形式上的"我",当我想问题的时候,我可以直观感受到有一个思考的主体,这就叫"我"——这在逻辑上是无法反驳的。

按照笛卡尔的二元论,人和机器的区别首先在于人会使用语言,而机器不会。其次,机器只能做一些规定的特殊事情,就像八音盒只能演奏纸带上给它预先录制好的那些音乐。也就意味着机器是没有学习能力的,但人有学习能力,而且人的学习能力有时候能到惊人的程度。我们从最小的小孩开始,在 3 ~ 5 岁时候语言实现飞跃,包括身体的控制能力。一个是语言,另一个是学习能力,两者都绝对属于心灵的特殊能力,而不属于物理或机械。笛卡尔始终有一种人类的优越感,虽然他说人好像跟机器差不多,是有血有肉的"机器",但是恰恰是因为人有语言与学习能力这些属于心灵或者精神世界的特殊能力,使得人和其他自然界的造物有所不同。

关于这些问题,近代哲学家像笛卡尔想用他的二元论来回答,但是我认为他没有解决一个最基本的问题。这个基本问题其实在哲学史上也困扰着历代哲学家。这个问题很简单,但是很难回答。既然身体是属于物理世界的,人的心灵是属于精神世界的,身体和心灵既然是相互异质的两个世界的东西,那它们怎么会发生因果关系呢?简单打个比方,我打你一拳你会疼。我打到你身上,这是一个物理事件;你会感到疼痛,却是一个心理事件。如果这两个事件的属性截然不同的话,怎么会发生这样的因果关系呢?后来很多哲学家都想试图解决这个问题,也制定了很多不同的方案。我们今天不展开讲,这里关注的核心是,按照笛卡尔的理解，自动机可以设置得很复杂、很精妙，但是它掌握不了语言，也没有学习能力，所以跟人相比它还是比较愚蠢的。

20世纪一位叫作艾耶尔的英国哲学家重新把这个问题提出来了，但他提的方式就有点不一样。在《语言、真理和逻辑》这本书当中，他提出了"人和机器究竟有什么区别"。艾耶尔在书中说："有意识的人和无意识的机器之间的区别，就在于可知觉的行为之间不同的区别。当我断定一个对象看起来是一个有意识的东西，其实并不是一个有意识的东西，而仅是一个傀儡或机器，所能提出的唯一根据是它不能满足一种足以决定它具有意识或没有意识的经验检验。"这个翻译有点学院派，但我断定一个对象其实并不是指一个傀儡或机器，这里更好的翻译应该把"傀儡"翻译成"木偶"。我们也知道有一种连线的木偶，如果我们用一个机械程序给它编排好的话，它可以做出很复杂的动作。"如果一个对象完全像一个有意识的东西，按照定义所要求的行动来做，那么我就知道这个对象是真正有意识的。"这里面艾耶尔提出了一个非常有意思的观点，我们不要从纯粹的哲学层面来分辨，或者像笛卡尔一样背负非常沉重的二元论的形而上学的包袱。无论它是否有质疑，关键是我们要提出一个经验的检验标准。

六　从图灵到 cortana

人工智能的日常语言能力——这样的话题如果放在三五年前讲，大家会很难理解它。现在大家不管是用微软系统还是苹果系统，里面都有语音助手的功能，比如说 Win10 自带的 Cortana 和苹果系统的 siri。我们每个人的生活当中已经非常多地接触到 AI 这方面的能力。按照我刚才说的定义，弱人工智能的日常语言能力仅仅是人各种能力当中很小的一部分。

从电影的角度来切入，有一部 2013 年菲尼克斯主演的电影《她》（*Her*）。用一句话来概括这个电影的话，就是一个宅男爱上了他的操作系统。菲尼克斯演的这个宅男处在人生的各种低谷，要跟妻子离婚，也没有朋友，又不能跟别人产生一个比较好的交往关系。有一天他把自己的电脑操作系统升级了。这个电脑操作系统完全不需要键盘，也不需要鼠标，完全是通过语音指令。而且这个操作系统，变得非常体贴，对这个宅男进行了无微不至的关怀，基本上招之即来，挥之即去。又能帮忙工作，又像一个管家，又像一个谈话的伙伴。

这在技术上面涉及的就是自然语言的处理问题，比如 Cortana、siri 在这方面都有一些进展，但迄今为止还不那么让人满意。因为其中涉及的技术问题挺多，比如语音识别，包括语法、语义的分析。我们知道计算机处理的是机器语言，或者说是一种高度形式化的语言，但我们人类的自然语言很随意，也不精确，或者某些词具有非常多的含义。我们日常语言当中会有非常生动的表达方式，这在某种文化环境当中是约定俗成的。对机器来说，要理解这些表达是非常困难的，需要一个非常大的语料库来加以定义。

接下来要讲到一个人叫阿兰·图灵（Alan Mathison Turing）。他对整个人工智能来说，包括语言处理能力都是一个划时代、里程碑式的人物。他在 1950 年发表的《计算机器与智能》论文中，提出了一个很有意思的话题。这个话题其实紧接着刚才我说的笛卡尔、艾耶尔谈及的"怎样提出一个经验性或操作性检验来定义何为智能"？这里再插一句，有兴趣的朋友去看一下康伯巴奇演的电影《模仿游戏》（*The Imitation Game*）。这个题目的来源就是"图灵测试"（Turing test）。按照图灵的设想：有两个小房间，一个小房间里是一个活人（真人），另外一个小房间放一台电脑。在座各位站在房间外，你并不知道这两个房间里面到底是真人还是电脑。你们通过电传或纸带的方式，跟他一问一答。如果他的回答让你觉察不出异常，那么我们认定这台机器是具有智能的。这不是一个哲学定义，而是一个操作性或功能性的定义。

七 "中文屋"思想实验

图灵提出的标准是非常低的，但即便是这样的一个标准，在哲学史上或者人工智能史上也引起了一些质疑。比如说一个非常著名的美国哲学家约翰·塞尔（John Searle），他本身是研究语言哲学和心灵哲学的。他在 20 世纪 80 年代发表的一篇论文《心灵、大脑和程序》当中就提出了一个问题，来反驳图灵提出的智能的概念。后来这被称为"中文屋"（Chinese room）的思想实验。

例如，塞尔本人（一个美国人）从来没有学过一句中文，他完全不懂中文，但是现在把他关到一个房间里面，这个房间叫

"中文屋"。这个房间当中有所有关于中译英、英译中的工具书，而且塞尔知道怎么来用这些工具书。他的任务就是要用房间当中所有的工具书，来给出恰当的回答，尽量让房间外面的人以为他是懂中文的，也就是完成图灵提出的模仿游戏。从头到尾塞尔是不懂中文的，但是他完全可以欺骗房间外面的人。从这个意义上来讲塞尔通过了图灵测试。按照图灵的定义，他是具有智能的，但其实他并不是，这是一个最大的问题。

塞尔提出中文屋论证，是反对所谓的强 AI 立场。他完全反对"计算机等于心灵"这个很接近于行为主义的说法。因为他的思想实验告诉他，在房间里的人完全不懂中文，却还是可以给出恰当的说法，这并不能表示他明白中文的意思。同时，塞尔并不反对弱 AI 立场。他认为，计算机仅仅是心灵研究当中的一种工具，就像思想实验的中文屋一样。塞尔有一句很有意思的话："只有一种机器可以思维……即与大脑一样具有相同因果能力。"除了大脑之外，还没有发现任何其他和大脑一样具有相同因果能力的机器，但是这是哲学家经常做的一件事情，留一个尾巴，防范一下未来可能出现的问题。

这个思想实验设计得很巧妙，而且在整个人工智能发展史上影响非常大，震撼了整整一代做人工智能的人。有一些做人工智能的人的梦想就是要让机器具有心灵，但是他们看了塞尔这个论文以后有一种深深的挫败感。其实，塞尔另一篇论文当中已经列举了几种可能的对他自己中文屋思想实验的反驳，那几个反驳也很有趣：第一个反驳是所谓"系统"的回应。什么是系统？反驳的人认为，塞尔的确是不懂中文的，但是房间、输入输出设备、工具书加上塞尔构成了整体组成的系统，该系统是理解中文的。因此不能只聚焦其中的人。这是一个很有意思的反驳。第二个是机器人回应。把一台计算机放入机器人中，前者操作后者，后者可以感知行动，他具有理解的能力。第三个问题是最要命的，也就是"他心问题"，即仅仅根据别人的行为，怎么知道他理解中文。我们有一种直观的能力，所谓我们知道人有精神活动，人有意识，其实都是一种类比。"我知道我，我在思考，我有喜怒哀乐"，这些活动在哲学上被称为第一人称的直接性，我们不必推断自己是有意识的，因为我们能直接感受到。但是别人有意识能力，有这样的喜怒哀乐，是由于我们假设他是跟我一样的。因为我有，所以他有。这是哲学史上非常著名的濠梁之辩。但这样的视角会导致"唯我论"（solipsism），即认为世界上只有我存在，一切其他都是我的感观而已，这会导致很多奇怪的东西。人的社会属性在里面被完全颠覆掉。

这背后还有一个涉及心物差异的核心概念，即"意向性"（intentionality）。19世纪末20世纪初，哲学家布伦塔诺重新提出了这个经院哲学的概念。意向性是思维活动的一种特殊能力：当我在想一个对象，或者用一个词语时，我的意识指向了一个对象。我们任何的意识内容和语词都是关于某个对象的。这在中世纪哲学当中被认为是心理活动（心灵现象）的标志。但问题是，机器和计算机有意向性吗？当我让电脑来搜索某个特定的文件、文档的时候，它有没有意向性？举一个很简单的例子，到目前为止所有操作系统都是很愚蠢的，把一个文件的文件名改掉，就找不到了——它不能指向一个对象，因而可以说计算机不具有意向性。

对于这样的说法有一种常见的反驳。我们以往的思路，始终在把智力、人工智能和我们自己的思维活动与运算能力做类比。最经典的例子就是，人在发明飞机之前，以往所有飞行器都在模仿鸟类的飞行，都在造翅膀。但现在所有飞机的翅膀（机翼）不用扑腾也能飞起来。也就是说其实没必要完全模仿。是不是一定要让计算机具有意向性，这才算作一个有高度的智能？哲学的争论一直没有终结。

八　超越图灵测试

图灵在 20 世纪 50 年代提出图灵测试后，有很多的学者，尤其是在技术领域的专家，始终想造出一台具有语言能力的机器，能够通过图灵测试。在 1952 年 BBC 对图灵进行的一次采访中，图灵又提出了一些新的想法：让计算机冒充人模仿游戏，如果超过 30% 的裁判误以为和自己说话的是人，而不是计算机，那么就算它通过。进一步把他的标准给具体化、可操作化，某种程度上把门槛又降低了。后来人工智能界和计算机界设立了非常多的奖项，例如罗布纳奖（Loebner prize）来鼓励这样的创新。就在 2014 年，有一套聊天程序尤金·古斯特曼（Eugene Goostman）第一次通过了图灵测试。这是一个里程碑式的事件。它为什么可以突破？它并不是算法上特别高妙，也不是语言学习能力上特别高妙，而是用了一个小小的"花招"。这个聊天程序并不说自己是一般的普通成年人。它有两个特征，第一，这个聊天程序模仿的是一个 13 岁的男孩。如果它回答错误，人们会认为那是因为它未成年，知识不完备。第二，这个软件设定的是一个乌克兰男孩，其母语不是英语。所以当它回答错误时，人类裁判会原谅它。

虽然很多人对它产生了质疑，但无论如何，这已经说明了技术的可能性，假以时日总会出现真正意义上完全通过图灵测试的聊天程序。有人曾经认为图灵测试的标准是比较低的。即便如此，我们始终面临一个问题，那就是我们还能提出其他有效的方法来测试智能吗？

更要命的是，假设真的有强人工智能甚至未来超级人工智能出现，有一个智能假装或者故意不通过图灵测试，那怎么办？这个也是一个类比。我们跟小朋友打交道，小孩子还在牙牙学语，他不会骗你，但是基本上发展到四五岁就有能力说谎。能够说谎意味着他可以预判别人会以为什么是真的，他才能抛出一个假象让别人接受。

刚刚提到图灵测试，在整个人工智能发展历史上被当作一个标杆式的标准。但是图灵测试非常简单，仅仅是对语言能力的检测，并不涉及其他方面。如果一个人工智能要实现通过图灵测试的日常对话能力，其实需要非常强大的技术支持和语料库，识别人体说的问题，知道这个问题怎么恰当地回答。我们可以想象，假以时日，日常语言处理的人工智能不断加强，这样的图灵测试标准总有一天会被攻破。当图灵测试的标准被攻破，人类还有什么办法设立一个新的标准来测试什么是智能吗？

九　人工智能和人类未来

人工智能不仅涉及语言能力，还涉及计算、决策和学习能力，可以说涉及人类说的方方面面。第一个案例是 1997 年卡斯帕罗夫对深蓝。第二个具体应用就是人脸识别。电脑的人脸识别和人类的人脸识别模式有点不一样。我们人类能够认出哪些人我曾经见过，虽然没有明确的算法。目前计算机算法识别率已经非常高，因为人脸的内在比例关系几乎是不会变的。它用这个方法抓取，尤其对于国家安全、反恐的作用是很大的。第三个就是金融行业对人工智能的运用。做金融的朋友应该比较清楚"高频交易"（high‐frequency trading），各个国家对高频交易的监管越来越严格。什么叫高频交易？当人来买股票的时候，我们会分析股票的基本信息与最近一段时间的走势。但是在美国市场，比如华尔街有一些来自数学专业或物理专业的人给股票市场建模。他买一只股票，不是一次买 100 万或 1000 万，而是把 100 万拆成几千份或者几万份，每一份的金额都不大。根据这个算法，可以在一秒钟之内买几百万或者拆成很长时段买。这可以在概率上保证不亏本，甚至盈利的可能性最大。高频交易背后只是一个算法或者一套 AI，没有人。人只不过是设定好交易时间和边界条件。因为有这样一个 AI 系统在后面做高频交易，所以出现了很多闪电崩盘。最著名的就是 2010 年 5 月 6 号的道琼斯指数断崖式崩盘，到现在没有人知道发生了什么。因为在这个市场上有很多因素是无法预测的，而且并不是只有一套高频交易的程序在运作，况且投入高频交易的资金额度又非常大。如果有两套三套甚至更多的高频交易 AI 系统做对冲，很可能出现这样断崖式的崩盘。现在各国加强对高频交易的监管，这里面凸显一个问题，就像刚刚说的笛卡尔式自动机。当我们设计高频交易程序和软件时，人类会赋予它非常高的运算能力和尽可能多的知识，但是某些边界条件是无法穷尽的，尤其在对冲的时候，很有可能导致金融市场面临巨大风险。

另一个跟我们生活息息相关的，或者对于很多学者来说息息相关的就是机器翻译。最近谷歌开发了一套全新的翻译算法。以往常见的翻译软件是用一个统计机器翻译，找到中文和英语对应的一句话，统计最优然后找出来就可以了。谷歌 10 月份上线的"神经机器翻译"准确率非常高。这时伦理问题就来了。

在我们的有生之年，某些职业将被人工智能永远替代。谷歌现在做一款"谷歌隐形眼镜"。随时发布语音指令，让隐形眼镜搜索云端所有内容。当被动知识的获得途径如此便捷时，那就意味着我们的教育要彻底改变。科学技术的发展对我们生活的各个领域都产生了很强大的一种冲击作用。很多职业都可能被人工智能和机器所替代，这产生了后续的问题，不仅是失业，还有人类空下来之后还能干什么。

谷歌自动驾驶汽车在美国的加州已经合法上路了，但是这对基础设施要求非常高。要在道路上预埋识别的线，具备景深识别的能力，车顶上的"警灯"是全景扫描摄像装置，同时需要有上网的能力。我曾经看过它的宣传片，一对盲人夫妇坐着谷歌汽车到超市里购物，这种高科技产品总是给人一种造福人类的图景。

的确是造福人类，但也有很多人提出质疑。

紧接着会出现一些伦理和法律的问题，2017 年央视曝光过全球首例特斯拉自动驾驶死亡事件。现在很多汽车可以在高速公路上定速巡航，如果没有障碍物可以按照最经济的速度往前开。技术即便可以规避一些问题，但是伦理上的问题逃不掉。从理智上分析，我知道自动驾驶可能会使全球每年因为人为失误所造成的伤亡减少很多，因为 90% 以上的地面交通事故是因为驾驶员自己的疏忽。机器不会犯错，但是机器本身是有 BUG 的。如果以后我买了一辆具有人工智能的汽车，它突然发现高速公路前面站了几个人，这个时候汽车是应该选择优先拯救车里的人，还是优先拯救车外的人？

还有一个问题，如果出现类似的死亡事故由谁来负责？传统车这个问题比较好解决，车主为自己的车负责，但是车主并不拥有自动驾驶软件的所有权。原则上虽然买了这个车，但是只是租用了人工驾驶软件，如果出交通事故应该是谷歌或特斯拉为此负责吗？

人工智能会更多地应用于军事。《机械战警》这部电影对我幼小的心灵产生过极大冲击。一位叫作墨菲的警察被犯罪分子打到身体全部毁坏，于是人们用半机械的方式把他的身体修复，而且让他具有了超乎一般人类警察的能力。但在这个电影当中，它还是有一种人本主义的骄傲。因为后来出现全机械战警，完全是机器人，无坚不摧，那是全电脑控制的。这个墨菲的身体一部分是机器，但是大脑还是人的，但是因为外伤非常严重，他的部分生理机能需要依靠这套设施。一开始各种科技总是打着提高人类整体福祉的旗号，但从历史经验看，一般科技产品出来最先用在什么地方？第一个是军事，第二个是饮食男女，这里涉及很大部分产业和经济的问题。

第二个军事运用的例子是美国的制式装备 X – 47B 无人机。按照美国人的说法，为什么四代机 F – 22 之后，不再研发载人的战斗机呢？因为人有先天的生理极限，当战斗机在空中做机动动作的时候，一般人身体再好，超过 9G 重力加速度就会出现两种状况：大脑里血不进去或是大量的血被挤到脑部，这是很危险的。人的生理极限导致了战斗机不可能做出大于 11G 的机动战斗动作。美国就决定不做载人战斗机，第五代基本是无人，这是一个趋势。无人的空战机器出来之后会产生什么问题呢？它本身是一个武器平台，以后要深入到战区执行作战任务。这时候它必须具备一定的人工智能，用来自主选择目标来进行打击。这个时候伦理问题就出来了。"二战"的时候出现过盟军千机轰炸德林斯顿的问题。当时本来这个轰炸机群要轰炸别的城市，但别的城市天气不好，按照运算模式和交战规则，轰炸机不能带着炸弹回去，所以必须找一个目标把炸弹扔掉。德林斯顿这个文化中心完全不具有军事价值的目标——教堂、博物馆、宫殿被整个炸平，十几万人在一夜之间死伤。如果人工智能运用在军用无人机上，它不直接受人类的遥控，深入敌军战区之后如何选取真正具有高价值的军事目标进行打击，减少连带损伤，这是一个伦理性问题。

现在 AI 在很多领域，包括军事、医疗、人脸识别、金融领域等都有涉足，而且某种程度上人工智能比人要可靠，当然还是有那种比较笨拙的人工智能（可以部分替代人的能力）。笨拙基于很简单的问题，就是现有的人工智能极度缺乏常识。什么叫常识？人类从小到大是有一个成长和学习的历程。我们在成长和学习过程当中获得的那些常识，如果通过命题的方式一条条定义出来的话，这个数据库会庞大得惊人。比如欧洲尤其是德国的玻璃墙上必须贴上鸟的贴纸，为什么？因为很多鸟不知道这是玻璃，自然界并不存在既透光又不能通过的物体。所以，德国法律规定如果建筑的玻璃幕墙超过一定面积，必须贴一个东西，否则鸟会一只一只撞上去。

这个常识——存在这样一种实体，它既是透光的但又不能通过——要让机器明白你就必须定义它，必须落到形式化的东西上。包括我们从小到大的一些生活经验，比如不能碰火，它会给我们带来伤害。我们人类有身体，但是 AI 没有身体，我们需要用别的方式来定义火。对于人来说，之所以有这么多的常识，首先是因为我们有身体，我们跟外界始终存在一种互动和感知关系；其次是因为有一个从小到大的成长经验。但是身体也会骗人，比如玻璃幕墙。张家界做了一个"天梯"，很多人上去立刻腿软。从理智上来说，每个人都知道这个东西足够承受我们的重量，但是长期自然进化来的心理告诉我们这很危险。自然界的进化往往让人多一点防御机制。但是人工智能没有经历长时间的演化，也没有身体。如何建立身体感知的关系，这很重要。

十　人工智能的伦理风险

米开朗琪罗有一幅名画叫作《创世记》，位于梵蒂冈圣彼得大教堂的西斯廷小礼拜堂中。它是根据圣经创世纪创作的。画中，一边是上帝，另一边是亚当。两个人的手指之间是无限接近的，但是中间出现一套裂痕。造物主跟被造的人之间是有某种内在的相似性的，圣经里说上帝按照他的形象造男造女，但是本质不同，只能无限接近，两个手指不可能碰到。

人工智能的伦理风险对我们现代人类也有类似的困扰。我们觉得自己很有智慧，人工智能只不过是我们创造出来的一个工具、一个对象、一套程序，它的所有可能性我们都可以预见到，但是就像创世纪一样，上帝跟亚当和夏娃说不要偷尝禁果，他们还是去吃了。

讲到伦理和哲学上的反思，大家肯定会想到艾萨克·阿西莫夫。在科幻历史上，阿西莫夫基本上是神一般的人物，他很早提出过机器人学的三大定律。

第一，机器人不得伤害人类，或者坐视人类受到伤害；

第二，除非违背第一法则，其必须服从人类的命令；

第三，在不违背第一及第二法则的前提下，机器人必须保护自己。

第一不伤害人类，第二服从，第三自保。现在关于这个有很多争论，人工智能界有一个很有名的华人学者提出，这里讲的不是自然界中的自然法则定律，跟牛顿定律不同；最恰当应该把它翻译成法则，或者律令。阿西莫夫提出一个很跨界的问题，就是如何让一个人造物，某种意义上去接近自然界的很多东西，来满足一些人类世界的人伦跟道德的原则，这是一个挑战。我们知道如果三个法则全部贯彻的话，刚刚提到的很多人工智能应用就没法使用。军事运用直接违反第一法则（不得伤害人类）。从伦理学或者道德哲学的视角来看，阿西莫夫的三定律非常接近康德式的伦理学，也就是绝对命令。而人有常识，有身体，人能权衡，但权衡就意味着我们总在为自己打破规则找借口。

阿西莫夫也意识到了这个问题，于是做了修正。他要在三条法则后面再加一条"第零法则"："机器人必须保护人类的整体利益不受伤害。"它更具有优先性，其他三条定律都是在这一前提下才能成立。如果我从一个哲学角度来审视它，前三条法则很像康德说的话，第零法则很像边沁说的话，很功利主义。功利主义基本原则就是追求人类共同体最大程度上的幸福。什么叫整体利益不受伤害？地球上有 70 亿人口，可不可以为了 70 亿人的整体利益去消灭当中的 30 亿人呢？这个第零法则很美好，但让人工智能理解起来很麻烦，关键在于如何去定义整体利益。

它是一个跨层次的问题，存在从符号到语义再到行动三个完全不同领域的问题。机器运作是符号系统，对于很多行为主义来说它究竟是不是理解了语义并不重要，关键是能够得出结论。紧接着更麻烦的问题就是符号系统运算如何影响它的行为。这里面有几个问题，第一个是如何让人工智能理解规则，第二是如何让人工智能遵守规则。当中的核心问题用人工智能上的术语表示就是符号接地问题（symbol grounding problem）。当没有身体做具体支撑，没有意向性时，符号是飘在空中的。像《超体》当中存在的云端，结果可能直接导致物理世界当中的改变。如何让符号接地，这是大问题。

假设人工智能好像具有了智能，而且表现出极为充沛的感情，当我们没有办法识别它是人工智能还是真人的时候，它是不是可以被算作人？很多动物保护主义者对动物都有很多情感，动物也不是具有人的全部认知能力，但是像人工智能电影当中出现的小男孩，他始终希望获得寄养家庭母亲的母爱，始终得不到回报。他会流泪，会有情感表达，有很好的自然语言能力。很多人认为他是一个人，即便理智告诉我他不是一个人，但是当他跟我生活一段时间后，我对他的情感绝对超过一只宠物猫或者狗，当他被拿走或者被关机，人的情感一面是守不住的。人工智能是有生命轨迹的，是有大量记忆的，当关闭人工智能时，是不是等同于杀死它。假设我们给予人工智能某种权力，这个世界会不会乱套？这个会引发各种伦理和法律的问题，更不要说哲学层面的问题。

经典影片《银翼杀手》（*Blade Runner*）就是讲一个未来世界机器人出现怪异的越轨行为。侦探去对这些机器人进行甄别，找出他们出问题的症结，进行测试。如果图灵测试标准太低的话，我们有没有一套办法来检验是真人还是人工智能？这个电影当中用到了移情测试，很多人工智能最后通过了移情测试。最要命的是那个侦探其实自己也是人工智能，这是具有毁灭性世界观的设定。问题核心是一样的，当我们没有办法区分人和机器的时候，人类可能需要面临举证倒置——自证自己不是机器，而不是让机器自证自己不是人类。

人工智能可能引发很多社会问题，比如有生之年翻译可能会被人工智能全部取代，驾驶汽车会被人工智能全部取代，整个行业里面的从业人员怎么办？去干什么？反过来说，我们是不是出现了一个新的奴隶阶层？最近有一部很火的美剧叫作《西部世界》，新版本的《西部世界》世界观设定比老版本更高一点，老版本只提出一个担忧就是机器人失控。新版本会提出更多出乎意料的问题。

还有一些问题，比如当人工智能介入到私人领域当中，比如进入我们家庭中最核心、最私密的生活领域当中，它会出现什么问题呢？英剧《真实的人类》中具有人工智能的家政服务机器人来到一个英国家庭时，对这个家庭结构产生了巨大的影响。这样一个小小的技术突破，对几千年来人类很稳定的社会结构与社会关系造成了颠覆性的影响。

十一　未来："超人"或是"赛博人"？

紧接的问题就是对失控的担忧。启蒙运动或技术革命以来，这样一种担忧始终存在。但这种担忧很大程度上有两种极端的反差，一个反差是做技术的人不在乎这个问题。做技术就是要做到最牛、最好用、最先进、最极致，这是做技术的人的追求。但是传统做哲学的人会认为如果没有想清楚这种技术可能出现的所有状况，就先不要做出来。这是完全针锋相对的观点。包括这两年炒得非常热的虚拟实境（VR）。VR现在被运用最广泛的两个领域，第一个是军事，第二个是情色行业（娱乐行业）。这两个是对人类的根本颠覆。电影《机械姬》（*Ex machina*）就是讲人工智能，非常契合图灵测试的场景。超级富豪在自己庄园的封闭环境里做了女性机器人，他找一个朋友跟他共同测试人工智能是不是达到一定的水准。他们两个竟然被人工智能运用人类吃醋的方式给算计了，最后机械姬逃了出去。

会不会像《终结者》中一样，出现机器人统治世界呢？机器人要统治世界，可能没有必要采取暴力的方式，这是由于人对自己的误解，因为人对人的统治往往采取的就是暴力的方式。其实很可能机器人统治世界是很温柔的，温柔到让你觉得这不是一种统治。

技术上的极限会发展到什么程度应该由技术专家回答，或者他们都预想不到，我更多的是从人文或者哲学的角度来看这个问题。艺术界都在谈所谓的"超人"（Transhumanism），这和刚刚提到的电影《机械战警》很像。如果身体每一个部分可以被一部分机器取代，人被取代到什么程度才能被称为是人？这是一个从渐变到量变到质变的问题。其实到现在为止还没有任何立法限制。人被动获得知识越来越方便，会不会导致我们人类原来有的阶层差异被进一步扩大。这提出一个问题：虽然到现在为止，人类的肉身经历了几百万年的进化，但是我们现在并不处在进化论意义上的"自然选择"（naturual selection）中，而是人对人自己进行了选择，也许人类有能力改造几百万年进化的结果。

更科幻的问题是"赛博人"（Homo Cyber – sapien）。我们这个人种五六百万年前从东非大裂谷走出来。全世界目前所有的智人都是非洲人的后裔。智人这个种群未来有没有变成新种群的可能性，向完全不同的演化方向发展？我会觉得这会有很多问题，包括社会上的问题、道德上的问题。人这样一种高级灵长类哺乳型动物是通过两性繁殖完成自我复制和种群繁衍的，但如果摆脱可朽的身体，不再以这种方式完成种群的延续和自我复制的话，是不是变成以数码方式存在，属于云端存在的人类？这个很科幻，如果把人类的肉身取消掉是不是很多情感就没有了，情感必须以生理作为基础。

造物主的烦恼，就是如果人工智能虽然被制造出来，却不能保证它终身质保。一个摆脱了造物主的智能，或者完全背离了造物主预期的人工智能会怎么样？我们担心如果它完成自我演化，反过来把造物主变成了被奴役阶层。从哲学或者从伦理的角度来说，人工智能问题上体现的往往不是技术问题，更多的是人类自身的心魔。为什么说是人类的心魔？如果我们有一个比较良好的生活环境和社会环境，我们并不需要人工智能。我们只是希望找到一个人工智能来满足扩大的欲望。很多情况下因果不能被倒置，更深的原因是处在人本身的生活结构和欲望里。这里还需要反思一个问题，究竟什么是人。

系列纪录片《宇宙》当中讲，如果把人的出现跟人类的文化现象放在整个宇宙演化史当中看，把大爆炸到现在 250 亿 ~ 300 亿年比作一年中的 12 个月份，那么差不多人类出现是要到 12 月 31 号的晚上 9 点 24 分，前面 364 天跟人没有太大关系。宇宙慢慢进化，最后一天的最后 3 个小时才出现人类。有书写符号出现在 12 月 31 号的晚上 11 点 59 分 45 秒。人类认为无比骄傲的文化，在整个宇宙演化史当中太过短暂。我们那么辉煌的文化也就在差不多一万年之内积累起来的。在 200 多亿年宇宙演化史当中算不上什么。基于蛋白质有很大的生理局限，现在的生活状态可能应该往更高阶段发展。这个很接近反人类罪，反的就是现在很有局限性的当下人类。这个分寸很难把握，未来假以时日，比如一万年或两万年之后人类肯定跟现在有极大差别，如果那个时候人类还没有灭亡的话。

最后这个问题可以保持开放性。有一段科幻小说当中的谈话：一位科学家制造了一个人工智能，把它通上电源开机运行做图灵测试。提的问题是"有没有神存在"？人工智能回答："是，现在有了。"

这是人类的心魔，从启蒙运动以来两三百年，人类始终在试图摆脱政治、种族、阶级、文化对人的强制，追求人类的自由独立解放。在这个过程中，长时间来看人类希望通过各种科技的发展演进来帮助自己实现自由解放。但是某些意想不到的结果会不会像我们想要摆脱的对象一样降临到人类的头上？

今天的演讲就到这里，谢谢大家！

全球制造业竞争格局与中国机遇

胡 权[*]

非常高兴跟大家分享"全球制造业竞争格局与中国机遇"的主题。我是昨天晚上刚刚到上海，最近这几天发生了几件大事情，大家也都关注到了。一个就是即将上任的美国总统特朗普，他提出了加强基础建设的一些政策，这涉及制造业，我想这跟我们今天讨论的主题有一些关系；另外一个也是热点，国内最近在

---

 * 胡权，工业 4.0 研究院院长，首席经济学家。关注工业 4.0 时代的竞争规律研究，主持研究院工业 4.0 相关技术、模式及战略的研究及咨询工作，为多家上市或拟上市公司提供工业 4.0 方面的战略定位、商业模式和并购重组等咨询服务。作为国内最早跟踪研究第四次工业革命的专家之一，在多个高峰论坛做工业 4.0 主题发言，为《清华管理评论》《IT 时代周刊》《汽车商业评论》《中国电子报》《21 世纪经济报道》《上海证券报》等知名媒体撰写文章或接受采访。

进行一个所谓的产业政策大辩论，这也跟我们今天讨论的主题有关系。在我看来，这两件事情都跟制造业有关系，它是一个历史阶段的国家行为，涉及了产业政策和国家经济发展，因此，这次主题分享活动很有意义，大家有机会在一个历史大变革时期去看看全球制造业的竞争格局，同时也有机会去探讨中国的历史机遇。

首先，我们从历史视角去看全球制造业，这样可以更深刻地认识我们所处的这个大变革时代。260年前从英国开始的第一次工业革命，成为人类社会发展过程中的重要事件，这不仅带来了生产力前所未有的快速增长，同时还给全球军事、政治和社会带来了革命性的改变。一般情况下，我们谈工业革命，不是一个工业改进，而是一场革命。马克思说了，生产力的提升本身不是革命，一定是以生产关系的改变才叫作革命，那么第一次工业革命的时候，也就是所谓的在英国发生的工业革命，促使一个特殊阶层的产生，那就是工人阶级，有了工人阶级才有我们的新中国，才有我们的共产党，大家也是比较清楚的。

德国提出的工业4.0，是按照工业化发展逐步深入的方式来划分的，这也意味着工业化一直在延续着，至少迄今为止，中国经济的快速发展，是由工业化所带来的；西方国家的高度发展，也是基于工业经济来开展的。在2008年，西方国家爆发了金融危机，美国和欧洲发达工业国家受到比较大的影响，但德国受到的影响比较小，大家认为是因为德国一直比较重视工业（也是制造业）在国民经济中的地位，而诸如美国一些发达工业国家，反而把去工业化作为国策，这个问题已经引起了美国一些经济学家的注意，奥巴马政府也在2012年提出了"先进制造计划"，其目的就是希望纠正原来的"去工业化"政策。

在第一、第二次工业革命时期，中国是落后的，其根本原因是那个时代的中国没有及时融入全球工业化进程中去。但20个世纪80年代初期，党中央明确了改革开放的国策，同时也明确了工业化的发展方向，短短30年时间，中国制造业的总产值就跃居全球第一（2010年），超过了美国、日本、德国等发达资本主义国家。这个状况已经引起了西方政治家、经济学家甚至社会学家的关注，因为工业化可以带来更多的就业机会，美国大选中，希拉里和特朗普都纷纷拿制造业说事，主要是两个原因，一是制造业可以带来更多的就业，在美国，就业是一个大事情，同时也是政治正确的事情；二是制造业是第三产业的"皮"，俗话说，"皮之不存，毛将焉附"，第三产业就是"毛"，这个道理美国人已经想清楚了，因此才推出"先进制造计划"，希望有更高质量的制造业。

我们今天谈全球制造业竞争格局，大家一定想知道什么力量塑造了这个格局？从工业4.0研究院对全球主要工业国家的经济及产业进行分析的结果来看，目前有一个特别的现象，那就是产业政策对全球产业竞争格局影响逐步增加——如果我们不说产业政策是决定力量的话。这种状况在最近几年尤为突出，其根本原因很可能是所谓的第四次工业革命（也许不叫这个名称，但不重要）来到了，人类社会的工业化进行了快300年，产业复杂度大大增加，仅仅依靠单个企业去自由竞争，已经难以塑造产业格局，这种现象在大部分产业是客观存在的，例如，半导体产业、钢铁行业、汽车和计算机等行业，当然，计算机行业的产业政策支持似乎失败的情况稍微多一些。

今天我们主要聚焦到制造业的产业政策，看一下各个国家推出什么样的产业政策，这种产业政策给全球制造业带来了什么样的影响，对于在座各位的工作和学习，或者你的未来带来什么改变，产业政策到底跟我们有什么关系，或者我们如何在未来竞争中适应这种变化。

第一次工业革命发生在1784年，其最能代表那个时代的技术就是织布机。小时候历史课上也有介绍，这种珍妮织布机通过一种机械方式使得我们的生产效率更高，人们"穿"的基本需求就通过织布机满足得更好了。当然，用织布机纺织出来的布匹更便宜（因为有规模经济在发挥作用），这是一个最大的卖点。在当时，织布机是一个高科技设备，对个人来讲，一般难以筹集那么多资金购买大量的"高科技生产设备"进行生产，这就需要好几个朋友一起筹资，找到一个专门的地方安放这些"高科技生产设备"，同时也需要找一些技术比较好的专业人士来操作这些昂贵的设备，这样才可以大大发挥这些"高科技生产设备"的价值……这样的场景大家在一些讲老上海滩的故事中可以看到，20世纪初，上海一些织布厂也是类似的状况，其本质就是当时上海也在进行初步的工业化。

所以说第一次工业革命提高了生产效率，但是大家要注意，第一次工业革命对整个世界的格局影响并不大。举个例子来讲，在慈禧太后时期，她似乎并不愿意工业化，其根本原因是当时的工业化带来的冲击和影响并不大，慈禧太后觉得没什么太大用，想我泱泱大国，生产力仍然是最高的，即使是在慈禧太后的时候，我们国家的制造业产值仍然是全球第一，在这样的背景下去想一想，你说慈禧太后怎么会大力发展织布机呢？对慈禧太后来讲，织布机可以接受，但是搞个火车就不行了，必须用马来拉，那个轰轰响的"怪物"，不吉利，所以中国"成功"地错过了第一次工业革命。

第二次工业革命，一般认为是从1870年开始。第一次工业革命主要是英国人起主导作用，但在第二次工业革命的时候，英国准确地讲是落后了。美国有一位哈佛商业历史学家小艾尔弗雷德·钱德勒，他在《规模与范围》中写了三个国家，一个是美国，一个是英国，一个是德国，他说这三个国家都比较有趣，虽然都是资本主义国家，但是又各有不同，他把英国称为个人资本主义，德国和美国都是管理资本主义，但德、美也有不同，德国是合作的管理资本主义，而美国是竞争的管理资本主义。

钱德勒在书中提供了大量的史料，尝试证明当时的英国资本主义特征是比较强调家庭式管理，对于工厂的管理，大部分是一家人（例如老婆、孩子）来掌控，这在资本主义发展初期是没有问题的，只是到了第二次工业革命的时候，工业化进入到了一个较为复杂的新阶段，这样的家族式管理方式就有一定的缺陷了，因为第二次工业革命发生的时候，大量的新型和"高科技"技术出现，企业家一家子不太容易都正好对这些"高科技"很熟悉，要管理不熟悉的"高科技"设备和生产，是有一定难度的。这个时候就开始出现了进一步的"专业分工"，在第一次工业革命的时候就已经有生产设备操作上的专业化，但直到第二次工业革命，才真正出现了管理上的专业分工，这也是其主要特征之一。

钱德勒把这个阶段称为管理资本主义，就是因为他发现德国和美国这些后起之秀比英国更加重视管理上的分工。简单地讲，管理资本主义就是工厂开始有了管理层，有了所谓的 CXO，诸如 CEO、CFO 等角色，德国和美国更早更积极地采用了这种专业管理层来对更加复杂、更大规模、更加先进的生产进行管理，显然要比英国的"个人资本主义"先进，更符合当时的生产力需要。

大家想想中国制造业，似乎也是这样的状况，相当比例的工厂没有脱离英国的"个人资本主义"，虽然这些工厂采用了一定的自动化设备，但管理上基本还处于第一次工业革命阶段，比较粗放，谈不上管理资本主义，也就是在管理上没有实现专业化，这也许可以解释中国制造业所面临的挑战。当然，对于第二次工业革命，英国的模式显得比较落后，逐渐被崛起的德国和美国超越，这种状况在第二次世界大战进入到了一个巅峰，英国当时差一点就被德国吞并，当然，整个欧洲都差一点儿被高度发达的"现代"（当时）工业强国德国征服，这也是人类社会工业化发展中的一个典型的历史阶段和事件。

我们谈到了第一、第二次工业革命，这两个阶段的划分一般没有太大的争议，但对于第三次工业革命来讲就非常有趣了，因为对第三次工业革命的概念和定义，实际上并没有公认的结论。美国有专家写了一本书，书名就是《第三次工业革命》，但他基本上是在谈能源互联网，跟工业化视角所称的第三次工业革命有较大的不同。

工业 4.0 研究院对这个事情进行了一些考证，在学术圈里，比较容易得到公认的是信息革命的定义。前面提及的哈佛商业历史学家钱德勒就写了这么一本书，这本书是《信息改变了美国》。他在这本书里面提出，从工业史发展的角度，信息技术的广泛应用对人类社会影响巨大，堪称一次新工业革命。在书中，钱德勒明确提出想把这本书叫作"第三次工业革命"，但最后想来想去，觉得这样写还是不太严谨，最终作罢。不知道是不是德国经济学家曾经看到这本书，受到了启发，直接借鉴过来了，推出了工业3.0和4.0，为了更具德国特色，当然要更具"科学性"，因此，搞了工业1.0、2.0、3.0和4.0，形成一个系列。

德国人一般还是不太善于创造词汇，除了第一次世界大战和第二次世界大战是德国人搞起来之外，其实德国人没有发明太多的新词，反而是中国创造了不少互联网词语，当然，美国人也是善于创造"大概念"的，例如，除了"工业4.0"，"工业互联网"就是美国人发明的。在2013年4月的德国汉诺威工业博览会上，德国总理默克尔提出了"工业4.0"概念，从迄今为止的效果来看，"工业4.0"的概念传播效果远远超出了德国人自己的想象，可以从德国智库发布的诸多研究报告中看到相关的评论。

在前面提及第三次工业革命时，我们认为这样的称谓还可能有些学术基础，毕竟连哈佛商业历史学家以及其他学者也或多或少谈到了第三次工业革命（The Third Industrial Revolution），但对于第四次工业革命来讲，实际上是没有多少严肃的学术基础的，很大程度上就是德国制造，也就是 Made in Germany。为了让这个概念稍微非学术化，德国人还结合到互联网的一些诸如 Web 1.0、2.0 等称谓，发明了工业4.0的概念。所谓的"工业4.0"，核心特点是"智能化"和"网络化",这意味着智能工厂能够自行运转,零件与机器可以进行交流,机器可以高度数字化、智能化地自组织生产。

我觉得这是一次高明的概念宣传,至少对于美国、日本和中国来讲,德国的"工业4.0"似乎更占先机。美国政府主要提"先进制造",日本提"机器人革命",中国提"智能制造",但怎么想都会跟技术联系在一起,也就是技术视角。但对于"工业4.0"大家会怎么想?一方面大家会认为"工业4.0"代表了一种技术概念,毕竟有工业这个词,提到的Web 1.0和2.0,很容易联想到一种拥有网络化特征的工业技术。另外,"工业4.0"还有历史厚重感,不是还有几百年的工业1.0、2.0,现在的"工业4.0"自然比1.0、2.0和3.0好,对数字敏感的中国人之所以对"工业4.0"概念有兴趣,其中想必有这样的原因。不过我比较佩服的是,德国人在创造"工业4.0"概念的时候,很"严谨"地创造了"工业3.0"概念,而且还是把德国比较擅长的PLC和嵌入式系统作为"工业3.0"的技术基础,这就意味着德国在工业3.0解决方案上拥有最为成熟的方案——实际上是不是还是需要企业家自己去判断。

对于第三次工业革命的代表性技术PLC,按照德国的划分是发生在1969年,这种技术对于在座做自动化设备的应该比较清楚。自动化设备有一个特征,那就是"非标"(非标准化),这也是自动化改造中的难点。在PLC产生之前,大家要做自动化生产线是比较麻烦的,因为你要实现逻辑控制,就需要继电器来实现。所谓逻辑控制,我们平常的电灯开关就是最为简单的实例,这是通过物理变化来实现电灯的开关逻辑的。工业领域的自动化生产线也存在各种复杂的逻辑控制，我们也可以通过物理变化来实现，刚才也提到，我们可以通过继电器来实现。去过生产现场的应该有机会看到相关设备，但继电器的逻辑控制实现还是比较复杂的，部署和调整生产线的过程比较复杂，因为需要涉及设备的安放和调试。后来 PLC 的使用就大大简化了生产线的逻辑控制实现，按照字面含义，PLC 就是 Programmable Logic Controller，中文含义就是"可编程逻辑控制器"，也就是原来的逻辑控制是通过设备的物理设置来实现的，但现在可以通过"编程"来实现，"编程"和"物理设置"有很大的差异，前者只需要敲敲键盘，而后者需要大量的工程工作，这种体验可以通过大家家里使用的智能净化器手机控制功能来认识。大家控制智能净化器设备可以通过直接按按键实现，也可以通过手机上的 APP 来实现，通过手机上的 APP 实现实际上就是一种软控制，也就是通过一种程序（软件）来实现了。

我们的部分听众应该对汽车的生产线有些了解，汽车生产线一般会提及"柔性"，其本质含义就是在同一条生产线上生产几款车型。大家知道，一条汽车生产线投资巨大，大都要达到几个亿，因此，要生产多款车型，如果都是通过新建生产线来实现，其成本是巨大的，如果可以实现旧生产线调整调整就生产新车型，那么可以节省大量成本，这就是为什么汽车工程师一直在改善生产制造工艺，争取可以在一条生产线上生产多款车型。结合前面讲到的逻辑控制，大家可以想象要实现汽车生产线的柔性，其中一定涉及大量的逻辑控制，如果都用继电器，是无法想象现代汽车厂可以这样来实现，因为复杂的逻辑生产控制需要难以想象的继电器，从而使得生产线的调整或配置都难以在短期内实现，从而影响到汽车品牌厂商在一年内推出的车型，这样，人们也很难从市场上购买到各种各样的新车型，这是因为工厂的生产线很难满足需要。

这是给大家分享的人类社会工业化进程的情况，第一、第二次工业革命比较容易确定，学术界也有较为统一的认识，但第三、第四次工业革命就没有太多的学术基础了，大部分学者认为，这需要等几十年甚至上百年之后，历史学家总结人类发展史的时候，才可能真正定义这次新工业革命。不过没有关系，大家不是研究历史，也不是研究经济学，只是想通过一次演讲，了解一下我们这个世界在发生什么变化。需要补充的一点是，德国在谈工业4.0的时候，它是跟"未来项目"结合在一起谈的，也就是说，德国人没有认为现在就是工业4.0，而认为是未来实现的事情，这一点在德国人自己发布的报告中是明确指出的。不过，这是德国的德文报告提到的"未来项目"，但在德国人发布英文报告的时候，不知是有意还是无意，反正没有提到"未来项目"，反而感觉德国人已经在实现工业4.0了。工业4.0研究院对这份德文报告做了翻译，并把报告全文发布在工业4.0创新平台上，大家可以去查阅。之所以提及这个事情，实际上想回答国内一些专家"争论"的一个问题，那就是工业4.0是否已经开始了？毫无疑问，至少提出工业4.0概念的德国自己没有认为到来，虽然有部分德国企业甚至德国人宣扬工业4.0已经有解决方案了，但建议大家不要相信，因为德国人自己都称为未来项目，德文是

Zukunftsprojekt，中文含义就是未来项目。

工业 4.0 研究院初步估计工业 4.0 可能在 2020 年会启动初步的一些尝试和应用，但不会大面积展开，这是因为智能化和网络化要在工业种类繁多的制造业领域中全面实现，是需要在技术上和工程上实现很多突破的。坦率地讲，这种技术上的突破至少在几十年内也难以实现，更为肯定的判断是，至少在 10 年内没有任何可能，因此，大家不要抱有过高的期望。

讲完了人类社会工业革命的四个阶段，我们回到中国，看看中国在这四个阶段的一些情况。据说 2010 年统计数据显示，中国的工业产值超过了美国，成了世界第一。这个事情给国务院很大触动，有领导提出研究一下，中国在历史上也曾经是制造大国，看看是什么具体情况。后来有经济学家进行了详细研究，并得出了肯定结论，那就是在大概 1850 年的时候，我们中国的工业产值是全球第一，也就是 160 多年前，中国是全球制造业大国；到了 2010 年，中国又被称为全球制造大国，现在我们在推动中国从制造大国转化为"制造强国"——我们甚至在第一次工业革命的时候，同时是制造大国和制造强国，只是在第二次工业革命期间，中国制造同时丧失了制造大国和制造强国的地位，并且还忍受了工业列强的侵略。

工业化对全球制造业格局的影响非常大，这一点是毋庸置疑的。制造业不仅仅对经济格局有影响，对政治格局也有较大的影响，当然，与人们的生活水平也息息相关。想一想，中国人跑到日本买马桶是挺丢脸的事情，这其实也是制造业的事情，是制造业生产的产品质量、销售品牌等问题，中国要从制造大国转向制造强国，首先就要解决这个问题。不过，中国目前处于一个历史性阶段，一方面要想法子把中国制造转型升级，同时还要面临人类社会智能化和网络化的挑战，也就是第四次工业革命的挑战，如果真的是一场新工业革命，那么不仅仅是制造业发生改变，社会关系也会发生一定的改变，这需要我们有一定的心理准备。

具体到如何把握第四次工业革命的机会，我们可以看看经济学家做的统计。有一位女经济学家叫佩蕾丝，她对长达200多年的工业革命进行了研究，她主要研究了技术周期跟工业革命之间的联系，她发现，每一个技术周期大概都会经历半个世纪（也就是50年），大都会经历四个阶段。第一个阶段是构造范式的阶段，也就是概念"忽悠"的阶段。在这个阶段，相关技术不成熟，特别是技术可以应用的基础设施并没有准备好，因此，谁也无法从这些新技术中获得商业利益。这需要到第二阶段才可以解决，因为有远见的企业家会把建设基础设施作为一个商业机会，当基础设施建好之后，新技术驱动的新产品就会快速增长，并且会受到人们的喜爱，企业就可以通过销售新产品获得收益，这个阶段是新技术应用的最关键时期。再其后就进入了第三阶段，这个阶段的特征就是以市场经营为主，因为技术已经成熟，但市场潜力还未完全挖掘，营销能力比较强的企业家可以借此机会实现扩张，商业模式的创新在这个阶段非常有价值，可以帮助企业实现规模化经营。当然，任何新技术的应用都有周期，当技术已经广泛应用，商业运营也达到了市场平衡，这个新技术所代表的周期也就进入了最后一个阶段，我们把它称为"潜力受阻"，这就需要等候下一个新技术的出现，再实现新的一轮技术周期发展。

对于工业 4.0，当前处于第一阶段，谁也赚不了钱，所以说工业 4.0 谁做谁死，当然资本雄厚、实力强的，熬到最后也许成功了。从佩蕾丝的经济学研究来看，这种现象是有理论基础的。目前就是处于工业 4.0（假如就是一次新技术革命）的构造范式阶段，也就是大家对概念感兴趣，有期待和幻想，但实际上大家可能并没有搞清楚这个概念到底是什么含义，更别说相关的基础设施根本没有准备充分，谈商业模式创新和市场需求更是过早。

大家想一想，要实现所谓工业 4.0 的智能化和网络化，目前基本上没有任何条件，就自动化来讲，要实现互联互通，至少要满足几个条件：第一，要有标准化的协议，这样才可以有连接的基本条件，但不少工业装备企业提供的解决方案都不是标准协议。例如，西门子就拥有大量的私有协议，这导致了国内不少做工业解决方案的企业要"破解"西门子的私有协议。第二，需要工业级的网络条件，大家在办公室用的 Wifi 是商业级的，不是工业级的，一般来讲，工业级要求更小的延迟和更安全的网络。商业用的 Wifi 延迟大概 500 毫秒，而工业级的实时控制要求小于 50 毫秒，这对网络设备和基础设施要求比较高，基本上我们平常用的电信运营商（中国移动、中国电信等）没有能力提供工业级的网络解决方案，当然，这是一个大的商业机会。第三，要实现工业 4.0 的智能化要求，实际上需要在生产现场部署大量的传感器，现在传感器价格比较贵，一般的企业难以进行大规模部署，这是障碍之一。另外，智能化还至少要求跟产业链上的企业进行连接，这是以数字化为基础的，中国制造企业不见得都实现了信息化，要联网实现信息系统连接，是不具有数字化基础的。

实际上，这就是所谓第二阶段提到的新产业、技术体系和基础设施发展前提的理由。如果没有刚刚谈到的智能化和网络化基础设施，谈工业 4.0 基本上就是"忽悠"，没有任何商业化的可能。当然，工业 4.0 还是需要不少"先烈"去尝试。之所以说"先烈"，是因为中国制造企业目前处于非科学运行的情况比较突出，这实际上也是第四次工业革命对我们企业家提出的新的要求——那就是要具有科学发展的观念。在过去 30 多年工业化补课阶段，中国制造企业几乎不需要做多少科学思考，因为直接看看西方工业国家曾经或者现在正在做的事情就可以，模仿学习过来即可。国内一些企业家喜欢每年跑到德国、日本和美国看一看，这已经是一股风气，也有培训公司称为"游学"，其目的是一样的，就是去模仿学习。在第二次工业革命初期，德国人也"游学"去英国，当然美国人也去了不少。但是，当我们打算在工业 4.0 阶段"弯道超车"，仅仅依靠模仿学习显然是不够的，我们需要在基础学科上进行研究，还需要产学研，要结合中国经济和产业的实际来创新，而不是简单地模仿学习，这是我们面临工业 4.0 时代的挑战应该意识到的。

目前对于第四次工业革命，或者工业 4.0，都是有一些争议的，一部分专家不认同第四次工业革命的概念，这没有关系，大家不是经济学家，也不是学者，当然如果你是，那就可以把论证第四次工业革命作为研究主题，说不定可以发表很好的学术研究成果。我们这次讲座务实一些，谈谈各个国家是如何看这次变化的，之所以说变化，没有说革命，是相信大家对于新技术的应用可能会带来商业、社会以及生活上的变化没有争议，这样我们的演讲也可以继续下去。

　　既然是变化，各个国家实际上是比较用心的，特别是西方发达资本主义国家，例如美国，它在 20 世纪后期，对"去工业化"很有兴趣，也就是把低价值的制造业转移到发展中国家，例如中国、印度、墨西哥等国家，因为这些国家生活水平不高，工资水平也比较低，在这些国家可以充分利用廉价的劳动力，这种逻辑是很合理的。因此，美国以及其他西方国家都纷纷把各种制造业迁移到发展中国家，实际上，它们在做迁移的时候，考虑得不太多，是不是高科技实际上考虑得比较简单，那就是能不能降低成本，这给诸如中国等发展中国家经济发展带来了很大的好处。例如，中国的高铁，就是在西方国家转移制造业过程中发展起来的，当然，它们现在也很后悔。这种情况在 2008 年西方国家爆发金融危机之后尤为突出，因为它们意识到其国家经济缺乏强大的制造业基础上不堪一击，其道理很简单，当经济不好的时候，制造业最终导致的结果就是产能过剩，但服务业就马上停摆了，失业和收入减少是直接的结果。制造业的产能过剩还可以降价、转移过剩产能，而服务业是没有太多选项的，这直接影响了经济发展的稳定性。

　　美国统计局的数据显示，美国制造业 1 美元产出的 GDP 是所有行业中最高的，达到了 1.35 美元，农业、建筑业、交通运输业、信息业、教育服务业、金融业等都低于制造业，其中，金融业仅为制造业的一半还要少，是 0.63 美元。同时，从 1962 年至 2010 年的制造业就业数据来看，美国一直是处于下滑阶段。当然，我们要理解新技术的应用会导致生产力提升，因为制造业的就业人口降低也在情理之中，但美国制造业的"去工业化"导致的就业人口减少，也是事实。

德国也对全球机械行业进行了研究，从德国的领先行业来看，机械、汽车、物流等行业是传统意义上的核心产业，但大家知道，这些产业已经发展了上百年，相关技术基础设施已经较为完善，技术成熟度也比较高，因此，发展中国家去引进技术或模仿学习的前提是有了，这也是为什么中国制造业在短短30多年就赶超欧美，能够买来的技术自然不是问题，加上中国国内单一市场比较大，可以容纳大量的产业，包括装备设备、一般制造产品以及其他产品，这是中国制造业在2010年成为全球第一的根本理由。可是，这对德国不是好事情，德国机械设备制造商协会做的统计，就是想提醒德国企业注意发展先进技术，不然都会被中国制造企业赶超，并且替代，从而导致德国企业丧失全球市场。

从我们国家自己做的统计数据也可以看出，1970～2012年工业增加值增长趋势明显，这为中国崛起做出了巨大贡献。虽然中国发展制造业有不得已的原因，但正是没有选择的选择，导致了中国制造业在全球崛起，同时也为中国经济屹立于东方提供了可能。西方发达国家已经意识到这一点，为了应对这种趋势带来的不利影响，德国提出了工业4.0，美国也提出了先进制造计划，日本也强化了机器人的国家战略，这实际上都是为了应对新的国际经济发展形势，中国制造业崛起影响的不仅仅是在座各位的工作和生活，还影响了欧美国家的国家战略。

由此，欧美现在比较时髦的词是"再工业化"，而不是20世纪的"去工业化"了，强化制造业的价值，是整个"再工业化"的基础。按照欧美国家制定"再工业化"战略时的分析，虽然目前欧美国家的劳动力价格仍然很高，但已经不高了，美国咨询公司 BCG 还专门做了一份报告，题目是《BCG 对全球制造业的经济分析报告》，其中主要论证一个事情，那就是美国跟中国的生产成本差不多了，按照 BCG 做的生产成本指数，中国是 96，而美国不过是 100，当然，德国的生产成本指数仍然是比较高的，达到了 121。坦率地讲，BCG 把生产成本的计算简单化了，而且还有偏袒美国政策的目的，因为这个综合指数计算的不仅仅是劳动力成本，还有能源成本，甚至还有行贿的成本，反正就是想方设法把中国制造业的生产成本计算得高一些。大家注意，美国咨询公司之所以要把中国的生产成本计算得高一些，是有很直接的目的的，那就是吸引投资，美国希望人们到美国投资，为美国人提供就业机会，这是美国咨询公司的立场，大家应该警惕。

除了论证美国生产成本已经有竞争力，美国智库还做了一件事情，那就是论证制造业回归的另外一个理由——知识产权和创新。美国不少智库在奥巴马政府时期做了一些研究报告，其中一个主题就是，虽然一些制造环节没有很高的附加值，但它跟研发、市场营销等环节结合在一起，形成了完整的制造业知识，这是美国制造业创新的基础。讲实话，这一点我是赞同的，同时需要提醒大家，中国制造业成为全球第一，意味着规模上是第一了，同时也为我们进入第四次工业革命提供了基础和优势。如果第四次工业革命意味着智能化和网络化，那么诸如大数据等技术的应用，肯定需要一定规模的制造设备和工业产品，没有这些基础，不可能有工业大数据和智能分析等业务，这也是西方国家一直感到忧虑的地方，但这应该称为我们感到骄傲的地方。

我们进入到第三个部分，来看看各个国家是如何推进国家制造业战略的。

最近张维迎和林毅夫两位知名学者之间进行了产业政策的辩论，从学术上讲，两位学者讲得都有道理，但神仙打架老百姓观战，我们似乎应该关注一个事情，那就是产业政策实际上跟我们普通人的工作和生活息息相关。如果我们不从学术研究来看这次论辩，从全球经济的实际情况来观察，全球主要的工业国家都在做产业政策，不管是美国、德国、日本，它们都在做，甚至于号称自由经济的英国，也不断推出了制造业的产业政策。跟中国一样，这些国家不仅仅是做一个产业引导，而且都是有资金支持的，看德国智库做中国制造 2025 的分析报告，提出中国制造 2025 的补贴很多，但大家要注意，它也是说的"多"，原因是它们认为德国、美国和日本等国家，政府"直接"提供的支持资金比不上中国。想一想，这实际上是我们国家制度的优越性，即便补贴支持不好，也不过是五十步笑百步而已，它们的制度大部分是三权分立，难以就一个产业政策达成一致意见，更别说要进行大量的资金支持了。

对德国来讲，它主要提出了"工业 4.0"，工业 4.0 不仅仅是德国提出的概念，也是德国政府提出的产业政策，其中包含了支持资金。欧盟也有产业支持计划，它主要以未来工厂（Factories of Future）来统筹。美国奥巴马政府主要以先进制造业来推动美国式的产业政策，这在国会也是提出过的，获得了立法的支持。

日本经过了失去的二十年，现在仍然在进行经济结构调整，因此，它主要是通过"工业价值链计划"（IVI, Industrial Value Chain Initiative）来体现，其中包含了机器人、人工智能和物联网等未来技术上的投入和支持。

对于全球制造业的现状，其普遍的挑战是产能过剩，这需要通过创新驱动的供给侧改革，实现新一轮的增长。各个国家提出的产业政策，其目的也在于此。笼统地讲，所有国家的产业政策都是希望解决以下几个问题：一是创新战略问题，二是数字化或信息化问题，三是网络化挑战。中国的信息化主要是两化融合，这是工信部的主要任务，对网络化来讲，主要是信通院主导推动的工业互联网产业联盟。对于美国，创新战略主要是通过Manufacturing USA（原来是NNMI，也即是国家制造创新网络）来实现，数字化是通过NNMI下面的DMDII来实现。网络化就比较简单，GE联合了多家工业企业和网络企业，搞了一个工业互联网联盟（IIC, Industrial Internet Consortium），形成了一个较为活跃的国家创新体系。德国在工业4.0这个大帽子下面，还有数字化战略等，也是多个计划并行推进，实现德国式的创新战略。对欧盟来讲，它主要是通过地平线2020（Horizon 2020）来统筹，针对中小企业，还有I4MS，当然，欧盟的工业数字化和网络化，是通过EFFRA（未来工厂的计划）来推动的。日本的计划也体现了其特点，机器人、人工智能和物联网分别有一个联盟推动，也算是面面俱到了。

对德国来讲，其主要产业政策体现为工业4.0，而工业4.0可以参考"工业4.0三部曲"，"工业4.0三部曲"是工业4.0研究院根据德国发布的各种报告，遴选出来的最能体现德国工业4.0体系的三份官方报告，工业4.0研究院为了方便国内行业人士学习，将其都翻译成中文了，在工业4.0创新平台上都可以全文查看。德国工业4.0体系的技术基础是嵌入式系统，这也是德国工业比较先进的东西，按照德国专家的设计，嵌入式系统可以演进为网络嵌入式系统，然后再进化为信息物理系统（CPS，Cyber-Physical Systems），最终才是物联网，这是在Acatech的agendaCPS报告中明确提出的，这份报告是德国工业4.0的基础。在此技术上，德国工业4.0平台才提出了未来项目、实施战略和智能服务三部曲主题。国内有专家认为德国工业4.0体系是为了德国，的确，德国在构建德国版工业4.0的时候，主要是基于德国自己擅长的嵌入式系统技术，因此，我们应该区分德国版的工业4.0技术体系，以及中国版的工业4.0体系，工业4.0研究院就在做中国版的工业4.0概念和体系。

相比较而言，德国企业不擅长数字化，更不擅长互联网，这反而是中国企业比较擅长的，这是需要中国企业重点关注的。我们欣喜地看到，中国制造企业显然意识到了中国的短板和优势，一方面国内制造企业纷纷尝试"互联网＋"，虽然我不太赞同"互联网＋"的提法，但这一提法充分发挥了中国企业的互联网思维优势，的确体现了我们的特点；另外，中国企业跑到德国去收购工业企业，例如，美的最近收购了德国的机器人公司库卡，就是一个很有趣的结果。

对美国来讲，虽然美国自己说要"再工业化"，但大家要小心，即便美国曾经"去工业化"，其先进制造业仍然是全球第一，只是一些低端的产业迁移到了发展中国家。当然美国的互联网公司谷歌、FACEBOOK、微软、思科等高科技企业，更是全球领先，目前还缺乏全面强劲的竞争对手。只是美国对自己要求高，希望方方面面都是领先的，毕竟它是目前唯一的超级大国，不能被中国比下去，这就是美国提出先进制造业计划的动力。

美国对自己的制造业做了一个分析，其结论谈忧患的多，大概就是美国制造业流失很严重，创新也不行，至少跟德国的产学研相比，美国还不够……因此，美国需要解决产学研问题。事实上，美国前几年还专门安排了考察团去德国考察，重点是考察了弗劳恩霍夫，这是德国产学研的典型代表，回到国内之后，这个考察团还专门写了一份报告，工业 4.0 研究院也进行了全文翻译，发布到了工业 4.0 创新平台，大家可以自行查看。其实，美国制造业的竞争力非常强大，一直以来，美国国防部、能源部、DARPA、NSF 等机构对制造业的支持非常大，军转民是美国做得最好的地方，全球一些先进产品和设备，很多都是从美国军转民过来的，例如收音机等。

不仅仅是美国政府官方推出了先进制造业计划，美国的民营企业也很厉害，这一点跟中国制造业企业不太一样。中国一些领先的制造业企业大部分自己干好了就行了，不太关心整个工业创新生态的问题，美国民营企业做的一些创新往往比政府还好。例如，美国通用电气就牵头搞了一个"工业互联网联盟"，听一下这个词本身代表的含义，就可以看到通用电气的野心，其目的就是想定义未来的工业领域的互联网。事实上，工业互联网联盟最近几年的确做了不少工作，通用电气自己也推出了工业互联网平台 Predix，同时还有类似苹果 App Store 的 GE Store，这就是美国的民间力量，虽然互联网是美国军方推动的，但这一次工业互联网，似乎民间力量更发挥重要作用。

对中国来讲，大部分做法就是引导，决定目标，再去分解。我们国家提出 2025、2035、2045 计划，因为到 2049 年新中国成立 100 周年，我们设定了 3 个 10 年的计划，大概意思是到了 2049 年超越美国成为全球第一，或者跟美国并列，目前制造业最强的国家就是美国，我们要跟美国齐头并进。但是，目前我们的短期目标是 2025 年要成为制造业强国，我们现在只是大国，并不是强国。中国市场看似大好，创业热情也是大好，但是竞争比较激烈，因此要进入制造业强国很不容易。

总的来讲，中国在制定目标时指导思想为创新驱动。现今的发展前提是质量为先，绿色发展，结构优化。为什么我们大家要到日本买马桶盖，因为质量好，如果中国有这么好的东西，我们又何必去日本？现在大多数人用的手机都不是苹果和三星了，都是华为和小米，可想而知我们的企业如果真的能生产一些有竞争力的产品，外形好看，质量高，我们还有必要去用国外的东西吗？这给我们企业家带来非常大的挑战，企业家说我觉得我们的产品很好，但是没有人买，都说太贵了。其实我想大家觉得品牌本身没有那么强大，买的风险太大，产品本身性价比不高，相应应用的技术还不够成熟，所以客户不埋单。如果我们好多产业的确可以把高品质的东西提供出来，我相信大家是愿意买那些东西的。

刚才简单地对中、美、德、日制造业国家战略做了一个分享，这是个很大的命题。从国民经济的视角来看的话，制造业主要是促进国内 GDP 的增长，媒体和公众有的认为 GDP 很重要，有的认为 GDP 不重要。GDP 的确很重要，但是还没有重要到需要用我们生活来作为代价，GDP 意味着我们国民经济，我们国民经济不强大，政府没有相应的财政收入，就不能提供公共服务；没有公共服务我们的生活质量肯定是要受影响的，至少在现有的人类社会发展的现阶段，国家是需要的，都是为了制造业未来的发展。

在未来的制造业巨大的机遇中，平台是最具有诱惑的发展机会。一般来讲，阿里巴巴也是一种平台。我经常跟朋友沟通说，也许我们自己有了一个历史机遇，你在新时代转型期可以把握住自己的发展机会。也就是说，我们经常讲历史机遇，在社会转型期，新的技术开始应用，原有的行业形态在发生改变，价值创造方式也在发生改变，因此一些概念才会层出不穷。早期的概念如电子商务、门户，到现在的如直播，都是较大的发展机会。不过，对我们的未来来讲，可能更大的机会是互联网应用在生产制造领域，会产生突破性的进展，比较简单的互联网渗透在我们生活中的例子就是微信，直接可以用手机付款、打车，不用带钱包，但是大家注意，这种经济形式更多是比较偏互联网的，比较轻度的经济形式，对我们实际影响不太大。

互联网门户模式比较突出，另一种是大数据市场。我们进入到大数据时代，数据这件事本身复制是没有成本的，这其实也是一种商业模式，跟社会生产现场结合在一起是比较困难的，怎么去改变生产现场，这是我们所有制造业的难点。互联网很多时候都是烧钱。制造业一定是这样的格局。未来的制造业有可能根本不需要云计算了，制造业云计算需要实时计算，也就是需要雾计算，我们把智能化放在生产现场最接近的地方，这是我们这个时代最大的机会，你要开始做平台，一定要用新的理念重新认识这个世界。

中国制造业面临两个选择：产能过剩，争夺高价值产业份额，面对产能过剩要国家进行调控，把产能转移到别的国家；面对争夺高价值的产业份额，要进行产业转型升级。高价值行业如何做，是有方法的。自工业革命以来大部分创新都发生在车间。经济学家讲边界，什么是边界？我们管辖到的地方叫边界，但是跟别人协商合作就要涉及跨越自己的边界了，关系到利益的交互，这些事情越来越难操控，涉及跨越企业的边界进入到产业链的边界了，就是说开始跟上游和下游企业进行合作。如果涉及跟其他企业的合作是很麻烦的，要得到其他企业的认可。更加具有挑战的就是两个完全不相干的企业合作，因为需要跨界，大家商议如何创造共同价值。因为不太喜欢跨界的行为，所以企业做改造主要在车间，对商业模式的改变不大，产品还是那个产品。技术的应用一定要通过商业模式来实现，没有商业模式实现不了，人类社会的发展一定要通过钱的交易来完成。具体在工厂里面的改变是工业1.0~4.0，从自动化工厂到数字化工厂，我们认为描述的方式非常简单。价值替代，就是曾经有人也提供这种价值给你，但是用新的方式提供给你。也就是说互联网产生时，第一个产生的应用就是门户，把新闻放到网上，再就是QQ、MSN，实际上就是替代了打电话的作用，只要涉及经济一定会涉及替代，所有的经济形态初期一定是价值替代，不可能完全产生全新的东西，一定有一个过程。这种模式是一种交易。从自动化工厂到数字化工厂，这个就是价值替代的方式。所有经济形态出现的根本都是价值替代。

我经常讲，做技术上的改造都是为了商业模式的改造，通过技术的改造应用去改变生产模式，形成一种全新的商业模式。中国的企业在不断吸取教训，通过消费者的特点定制一些符合消费者特征的东西，制造业有自己的方法介入到互联网里面，我们要既保证互联网优势，又把制造业做起来，中国的强大指日可待。

今天我们主要讲的是全球制造业的竞争格局以及中国的机会，也就是新的工业革命。今天主要讲的是技术性的东西，技术性的东西导致了我们的商业模式和业务模式的改变。全球未来技术性的革命势必会导致我们商业模式和业务模式的改变，工业4.0大潮不可逆转，而制造业将是各国未来开展竞争与合作的最重要的一块领域，谁掌握了未来制造业的话语权，谁就掌握了未来经济发展的主动权。而中国制造业的出路在于技术和理念创新，适者才能生存。

在未来工业4.0时代，经济发展与技术革新中，最核心的因素依旧是"人"。对未来的生产活动来讲，并不能简单地认为人将被智能机器所取代，反而时代的发展将需要更多高素质、更高能力、更多创意的高端复合型人才。在未来社会，一方面低端重复性的工作将越来越多地被机器所取代；另一方面高素质创意性人才又将成为工业发展最大的稀缺资源。这就是工业4.0对我们每一个人带来的机遇和挑战。

谢谢大家！

关于全球化史、世界政治紧张和当前的变更倾向

时殷弘[*]

一 全球化的扩展史与不发达传统世界

欧洲海外扩张是现代国际体系扩展和变化历程中最突出，也是一贯最受人注意的一个方面。它从航海大发现起，到 17 世纪

---

* 时殷弘，中国人民大学国际关系学院教授，学术委员会主席，中国人民大学美国研究中心主任，2011 年初起兼任中华人民共和国国务院参事。从事国际关系理论思想、国际关系史、战略理论和战略史、当今国际政治、东亚安全、中美两国对外政策研究。著有个人著作 16 部，包括《对外政策与历史教益》《病变·中兴·衰毁：解读〈汉书〉密码》《战略问题三十篇》《现当代国际关系史（从 16 世纪末到 20 世纪末）》《国际政治与国家方略》等。另有译著 18 部和学术论文及评论约 600 篇。已发表的论著中许多有较广泛的国内外影响。

开始时已分明形成了两大模式：西班牙的帝国征服和归并模式、葡萄牙和荷兰的商业和行政藩属（或宗主）模式。首轮海外扩张大潮中，西班牙人迅速地在美洲以及菲律宾建立起主权、行政和宗教文化各方面都真正属于西班牙的大帝国，开创了征服式殖民的先河。葡萄牙虽然与西班牙一起最早进行海外扩张，总的来说却不实行这种"正式帝国"型的帝国主义。很长时间里，它的海外扩张主要是商业性的，从1498年达·迦马第一个抵达印度大贸易口岸加尔各答起，葡萄牙人就准备接受一种同当地统治者之间的受庇护关系。虽然他们发现必须为自己的海岸贸易站设防，有时还须获取其周围的小块地区，但他们牢记在印度洋的首任葡萄牙总督的劝告："你掌握的要塞越多，你的权势就会越弱。让你们的全部武力都留在海上。"随葡萄牙人之后来到东方的荷兰人大体也是如此，其东印度公司先是用向当地统治者提供保护来交换贸易垄断权，以后虽然逐渐取得对爪哇等岛的控制，但在荷兰人首席行政之下仍保留当地统治结构。17世纪和18世纪大部分时间里，海外扩张的后来居上者英法两国在美洲建立了自治程度远远大于西班牙属地的殖民地，而在东方（主要是在印度）则基本继承葡萄牙和荷兰模式。另外，在17世纪的奥斯曼土耳其和18世纪的中国，欧洲列强为战略或商业目的，对苏丹和清朝皇帝及其宫廷多有迎奉，几乎完全按照后者规定的安排进行交往。这可以说是第三种模式，它与前一种模式一起，构成欧洲海外扩张的前半段历史的主流。因此，到1783年美国独立战争结束时，欧洲海外殖民地除绝大部分中、南美洲和小半个北美洲外，仅有菲律宾、东印度群岛、印度东北角、非洲的南端和西端及其南大西洋和南印度洋沿岸等零散地块。总之，从哥伦布和达·伽马往后的300年里，欧洲对美洲除外的非欧世界远未建立起压倒性的优势和统治。

19世纪形势大变。工业革命一方面激发起强烈的扩张欲望，要获得远比先前更大更多的垄断性商品输出市场和海外原料来源，另一方面极大地增强了满足这种欲望所需的西方军事和经济实力，非西方世界在此实力面前一下子处于空前绝后的极端羸弱境地。不仅如此，欧洲人"瞭望欧洲之外，变得越来越确信……他们的体制和道德价值的优越性。……现在，许多欧洲人开始认为开化的亚洲人是衰败腐朽的。在他们眼里，现代文明就是欧洲方式和欧洲标准，他们的责任和利益就在于使其布之四海"。19世纪前3/4时间里，主要由利欲、实力和使命感共同驱动的欧洲海外扩张导致世界政治地图大变。

在这方面尤其引人注目的事态中间，最先的是阿尔及利亚在19世纪30年代被法国武力侵占。接着，同样在30年代发生了两次埃及问题危机，作为三大洲交汇处、具有重大地缘政治经济价值的"欧亚病夫"，奥斯曼的命运必然遭遇列强的积极干预。其结果，是它在苟延残喘于夹缝之中进一步半殖民地化。经过英、法、俄之间的几轮明争暗斗，1840年列强签约，规定共同保护苏丹，恢复帝国完整，保证领土、政治和商业利益均沾。这与早就确立的治外法权等项特权和19世纪70、80年代之交强加的财政管制一起，使奥斯曼帝国完全沦为欧洲几国共同主宰的半殖民地。

影响更为深远的是，恰逢第二次埃及问题危机爆发的同一年，英国对独立于欧洲国际体系之外的中国发动了鸦片战争，用炮火逼迫清政府签署了使中国开始半殖民化的《南京条约》。1856 年，英国伙同法国发动第二次鸦片战争。这次以欧洲"文明人"洗劫和焚毁圆明园为最大暴行的战争，迫使清政府不仅更广泛地出让权益，而且开始放弃抗拒欧洲国际体系扩展的态势，转而试图施行公认的外交惯例和采用国际法，遵循欧洲"文明标准"。在亚洲的另一边，18 世纪末和 19 世纪开头近 20 年里，英国人以一系列战争摧毁了他们在印度最强劲的对手迈索尔和马拉塔两国，并且通过谈判剥夺了其他印度王公的境外权势。经残酷镇压 1857 年印度民族大起义和接管东印度公司全部权力，英国政府正式将次大陆变成大英帝国的一部分。另外，同样在 19 世纪前 3/4 时间里，欧洲列强（个别场合还有美国）在太平洋和印度洋地区进行了多项殖民半殖民扩张，其中对以后的世界或区域历史比较重要的包括：1819 年英国在马来半岛建立战略性殖民据点新加坡；1824～1826 年英国进行第一次缅甸战争，开始夺占缅甸，26 年后占领仰光；1853 年美国海军准将佩里以武力威胁打开日本国门，不久后列强分别同幕府订立包括开放口岸和治外法权等条款的不平等条约；1859 年法国殖民者在西贡登陆，到 8 年后控制了交趾支那和柬埔寨。19 世纪最后 1/4 开始时，仍然以欧洲为唯一中心的现代国际体系已囊括了新旧大陆的大部分。

19 世纪最后 1/4，连同 20 世纪开头 10 余年，构成列强海外扩张的第三轮浪潮。就其势头之猛烈、领土征服之频繁以及作为其精神激励的意识形态之喧嚣而言，此番浪潮可谓空前。它是在当时世界经济政治跳跃式演进的背景下，主要由经济和战略两大动力掀起的现代帝国主义扩张狂潮。急速起动并迅猛展开的第二次工业革命，唤起了以巨大规模掠取垄断性的投资场所、商品输出市场和原料来源的强烈冲动。列强民族主义的变本加厉和经济政治不平衡发展导致的国际力量对比急剧变动趋势，决定列强间关系高度紧张，于是寻求并抢先控制具有重要的战略和军事意义的海陆据点、运输通道、物资产地和缓冲地带，就被普遍地奉为近乎至高的国策。

现代帝国主义扩张大潮在非洲的肆虐最为狂暴。1881 年，法国发兵将突尼斯变为保护国，由此拉开列强抢占和瓜分非洲的序幕。翌年，英国遣军镇压埃及初生的民族主义运动，随后占领这个自 1876 年以来由英法共管财政的文明古国，并且将它变为英国独家的准殖民地。同在北非的摩洛哥和利比亚，则于 1911 ~ 1912 年分别沦为法国保护国和意大利殖民地。在撒哈拉大沙漠以南的中部非洲，欧洲列强以惊人的速度，使其对大洋沿岸停靠港口和贸易据点的占有扩张成为囊括对商业内陆的殖民控制。其结果是这一片占非洲大半面积、前期近乎整个独立于欧洲政治势力之外的地区，到 20 世纪头 10 年结束时已经全由欧洲统治，唯利比里亚和埃塞俄比亚除外。

在亚洲和太平洋地区，现代帝国主义扩张的主角是不那么现代的俄国，加上英国和两个新起的殖民半殖民国家，即日本和美国。俄国是一个依靠持续的大陆领土扩张形成的洲级大国，而这扩张在历史上大致有四个方向：向西兼并东欧弱国领土，向西南蚕食奥斯曼土耳其及其属地，向南突入波斯、中亚、阿富汗，向东席卷西伯利亚，以至东北亚临海地区。西进早已因波兰被瓜分和德奥两强阻挡而停顿，西南方面亦因克里米亚战争失败和1878年俄土战争未果而难以进展，于是其他两大方向上的推进就构成了19世纪晚期和20世纪头几年沙俄的帝国主义扩张。从中国攫取日本海西岸大片地区、建立海参崴港口、铺设跨西伯利亚铁路，这三项行动在很大程度上导致并大大便利了俄国追求其远东基本目标，即控制中国东北和朝鲜。俄国的这一帝国冲动难免与新兴强国日本猛烈地碰撞。其结果，是爆发了对远东和世界政治具有重大影响的日俄战争。

至于在太平洋，现代帝国主义扩张大潮主要表现为攫取所余土著岛屿和夺占个别大殖民地。前一个方面比较突出的是英国于19世纪70、80年代取得斐济、新几内亚东部、北婆罗洲和所罗门群岛，美国于1898年兼并夏威夷，英德两国于1899年瓜分萨摩亚群岛，后一方面指美国经美西战争夺取菲律宾，并且将其变为自己的殖民地。这一举动和就中国问题宣布"门户开放"政策一起，历来被当作美国崛起为世界大国的标志。

西方扩展其国际社会的努力在历史上引起了不发达世界的各种不同反应，它们归结起来主要有5种：抵抗、屈服、趋同、反叛、协调。抵抗是指抵制国际社会的扩展，抗拒西方强加的规范和不平等地位，力图维持置身于西方权势范围之外的状况。例如，19世纪40～60年代的中国大体上采取了这一反应方式。在抵抗终告失败或者无力进行抵抗的情况下，不发达国家会屈服，这意味着被迫接受不平等、受压迫的地位，被迫服从西方规定的种种规范，但不顺从的情况仍会不时地发生。几乎所有非西方国家在自己历史的这一或那一时期都采取过这种反应方式。趋同是指接受和遵循国际社会的准则，试图以此促进本国的现代化，并且改变自己在国际社会中的不平等地位，其特征是趋同于国际社会主流，追求在国际大现状之内的自我改造和自我提高。日本在明治维新以后的一段时间内就是如此。反叛则不仅是指反对现有国际社会，还意味着奋力脱离之，并且力图建立一个在基本价值观念、规则和体制方面与之不同的新型国际社会。与其他反应方式相比，协调显得较为折中，即一方面置身于国际社会之中，而且尽可能避免与之抵牾，另一方面并非全盘接受其现状，而是试图对自身与国际社会间的歧异加以协调，以便两者能够达到互容，并且在这一过程中逐渐地改造自己，同时促进改造国际社会。回顾中国与国际社会关系的历史，就可以看到中国经历了所有这5种不同反应，即抵抗（1840～1860年）、屈服（1860～1919年）、趋同（1919～1949年）、反判（1949～1971年）、协调（1971年以后）。

二　全球化催生的传统世界觉醒和飞跃

概而言之，非西方现代民族主义的兴起与其"对西方造反"成功的过程，经历了三个典型阶段。首先有被称为"原始民族主义"的准备阶段。在此阶段中，西方扩张者对其控制下的非西方传统社会的侵蚀和破坏，连同他们或其代理人的无情剥夺、肆意侮辱和残酷压迫，激起了以仇恨西方人和眷恋旧传统为主要特征的反抗运动。它们的失败引起了对传统体制和文化的现今价值的深刻怀疑，这与其他因素一起促成了下一个阶段，亦即现代民族主义的真正出现。在其中，民族主义运动的领导一般由开明的精英担任，其社会基础几乎全由城市部分中小有产者和知识分子构成，而其目标大多是争取部分民族权利和若干政治、文化进步，以此改良西方或其代理人的统治，而非推翻之。第三个阶段是非西方现代民族主义的蓬勃兴盛和大发展，其特征主要在于将城乡大众动员起来，组织一个旨在最终实现民族独立和社会革新（或改良）的运动。它与第一阶段的主要区别在于积极地顺应世界潮流而非徒然地眷恋过去，与第二阶段的最大不同则在于拥有广泛的社会基础和强大的政治力量，从而具备了造反成功的根本保障。

20世纪70年代是非西方民族主义发展的高峰时期。然而大致同时，可以越来越清楚地看到广大非西方国家在取得政治独立后面临着非常严峻和复杂的内部任务。其中特别重要的一批除经济社会发展外，可以统称为超越民族主义。非西方民族主义运动时代固然有其非常伟大的历史成就，但也有其三大负面遗产。首先，在不少摆脱了外来民族压迫的国家里，多数民族一经获得自由，便开始压迫少数民族。其次，在一些新独立国家之间，彼此冲突的民族主义要求或报复导致了敌对甚至战争，其中引起灾祸最多最大的是民族归并，即力图将境外相同民族及其居住的地域置于本国管辖之下，或者直接归入本国。最后，"当民族主义扩展到……异于西方，而且往往与现代西方方式敌对的地方，民族主义倾向于造成封闭的社会，在其中个人不如民族整体的力量和权威那么算数"。这是许多欠发达国家个人人权问题严重的一个重要原因。

　　此外，民族主义运动还掩盖了一些至关紧要的重大问题。第一个是经济问题：政治独立不等于经济自立，满足民族解放意愿不等于满足了人民物质生活需求。第二个可称为"族裔分裂"，既指国家疆界与种族、部族或民族群体的分野严重不符，以至一个群体被分割在两个甚至更多国家里，也指一国之内多个种族、部族或民族群体之间远未形成足够的认同意识，以至可以说政治意义上的国家还未成为文化意义上的民族。这两种情况对独立后国家的内部统一、安宁和外部和平妨碍极大。第三个问题是政治和社会体制虚弱低效，事实上几乎所有欠发达国家都缺乏真正强有力和高效的政府组织，许多新独立国家（尤其在非洲）长时期实行专制政治，很大程度上就是为了克服这些情况，但大多引起腐败、低效以及国家官僚机构与社会的隔阂。不仅如此，民族主义在欠发达世界的不少地方已经严重蜕化。这种蜕化特别表现为分离主义——20 世纪 60 年代和 70 年代以来导致大规模暴力冲突的那部分民族主义的主要形式。"民族主义从创建国家阶段变到了打碎国家阶段。"

　　建立国际经济新秩序的要求以联大决议的方式提出后不过几年，轰轰烈烈的第三世界运动便迅速落潮。第三世界运动的落潮引起了人们认真的反思，审视欠发达国家的内部障碍和发展战略的严重局限性。它包括导致社会病态的不公正的社会结构，造成贫富差距剧增、生态环境恶化的不平等和不可持续的发展模式，科技方面因教育投入不足和科技管理官僚化等原因造成的严重落后和对发达国家的更大依赖，国家政治从大众参与到专制或独裁的蜕变，与此相关行政机器的低效、腐败和对社会基本经济单位的主动性的损害或扼杀,第三世界内部徒耗国家资源的军备竞赛和破坏和平环境的军事冲突。基于此类反思,世界许多欠发达国家修改了自己的发展战略,或者说做了发展道路的再选择,其共同特征是进行以市场化和私有化为基本内容的经济体制改革,连同以法制化(不少国家还有民主化)为主要方向的政治体制改革。其中,已基本完成资本主义工业化的"新兴工业化国家"和若干经济成长迅速的发展中大国,成就格外引人注目。它们与拥有十多亿人口、依靠改革开放使生产力和综合国力突飞猛进的中国一起,显示了某种将逐渐削弱西方主导地位的"后发优势"。

三 全球化潮流中世界政治的内在矛盾和冲突

世界政治中的矛盾和冲突并未像一些自由国际主义理论观点所表示的那样,由于全球化的急剧进展而迅趋衰减或消退,反而几乎充斥着全球化进程。摩擦、紧张、对立和冲撞不仅很显著地广泛存在于传统的国家间权势关系,也同样存在于非传统的全球性稠密交往和互相依赖构造,而且这后一大类情景正是由当代全球性国际/跨国交往和互相依赖的大发展引发或加剧的。它们概括起来主要有四大类:互相依赖政治包含的矛盾和竞争;全球化进程中的弱势者的不满和抗争;全球化对落后社会的冲击和分解效应造成的痛苦和冲突;由于愈益稠密的国际/跨国交往而改换了形式或者加剧了的传统国家间斗争。

在一些满怀自由主义幻想的国际关系学者,特别是这样的国际经济学家那里，互相依赖被强烈地倾向于设想为纯粹的"双赢"或"共赢"关系，即由于互相依赖，每一方都得利，而且只是得利。这种理念的潜在前提是自由主义思想传统当中从亚当·斯密和启蒙学派开始迅速形成并绵延不绝的一项根本信条，即市场经济天然地和谐、公平和普惠，自由的商业意味着完好的社会和普遍的国际和睦。由此出发，互相依赖往往、甚至多半是不对称的互相依赖这一点就被漠视了，它们产生的利得在分配上的不均衡（连同产生利得所需代价的不均衡）也一样被忽略。如此，实际上就抹杀了互相依赖引起的"政治"问题——就"相对利得"（relative gains）的分配以及各方在交往中的相对地位所进行的竞争或冲突。"互相依赖的许多关键问题是围绕着那个传统的政治问题的，那就是'谁得到什么'"，或者说"谁得到多少"。不仅如此，在这样的问题上，交往各方的行为本质上服从一方所得必他方所失这一传统"零和"竞争的压力。因而，在非政治领域的互相依赖关系中，几乎总是存在广义的政治斗争，看不到这一点就看不到互相依赖的政治方面，也就不了解互相依赖政治。

全球化进程中当今最引人注意的矛盾和冲突，概括地说是在强势者与弱势者之间。这强势者包括拥有或享有如此优势的所有角色：它们在技术、资本规模、产业和商业运作效率、人才资源等方面居于有利和有力地位，同时还能得到可以促进维持和加强此等经济性力量的、相对优越的政治、社会、教育、文化乃至军事性因素的协助，不管这些协助是直接的还是间接的，是国内的还是国际或跨国的。这样的强势者显然主要有美国和其余西方发达国家、以这些国家为主要基地的跨国公司以及它们内部参与主导、积极投入或至少比较适应经济全球化并能够从中大获其利的经济部门或单位。与此相对，弱势者主要是广大欠发达国家，连同发达国家内那些不能适应技术发展和世界市场变化、从而迅趋衰落的经济部门和单位。当然，在强势者中间也有着相对的弱势者和强弱竞争问题，犹如在弱势者中间存在着同样的区分和竞争一样，何况强弱之分还随所涉竞争领域的不同而有变化。因此，这里所说的矛盾和冲突就其全景而论异常错综复杂，当今世界政治格外庞杂和往往令人困惑的原因之一就在于此。然而，技术发展和经济全球化的步伐是那么迅速，由此而来它们的扶强抑弱、优胜劣汰效应又是那么剧烈，以致其中强者与弱者间的分野、矛盾和冲突毕竟显而易见。

在其中，特别具有世界大局意义的是一个全球化进程与生俱来的老问题，即发达世界与欠发达世界之间在经济、技术发展程度和生活水平方面的鸿沟，但现在与 20 年前不同的是，欠发达世界的技术落后、世界市场劣势和金融劣势可以说已变得更为严重，在这些领域对发达世界的依附也因此增强。不仅如此，特别是信息技术革命条件下资本跨国流动规模和速度急剧增长而加剧了的一种情况，使得欠发达国家的处境更为不利，那就是全球市场固有的不稳定性。

与此相比，当今有一类弱势者的不满（特别是对经济全球化急速发展的不满）表现得明确得多，也显著得多，它们来自各国国内，特别是发达国家内那些很不适应新环境中的世界市场竞争及其对新技术、新产业结构和新经营方式的要求的经济部门和单位。由于它们通过种种渠道对国家政策施加的影响，也由于政府对维持国民支持、社会安定乃至经济和战略意义上国家安全的关切，多半旨在保护这些部门或单位的不同程度的"新重商主义"构成世界政治经济中的一个重大现象。这类对外经济政策用关税以外的种种手段保护就业、生产和国内市场，并且人为地刺激出口，争取尽可能大的世界市场占有率和贸易盈余。它在很大程度上可以称作这些弱势者同经济全球化作斗争的武器。

最后，全球化进程中的弱势者还包括其余各色各样在利益、信念或情感等方面受到严重冲击并且颇感无助的社会阶层、集团和个人。它们的不满和愤怒特别引人注目地由西方发达国家的各种"反全球主义者"表达出来。他们不仅强烈不满全球化的某些经济效应，而且强烈不满其生态、文化和社会效应，甚至整个"现代性"（modernity）也在其中许多人的抨击之列。总之，加速中的全球化进程也在加速"繁殖"其不满者和反对者。

不用说，全球化潮流中世界政治的内在矛盾还包括被现实主义国际政治理论当作其绝大部分或唯一决定性内涵的传统的国家间斗争。这里要提到的，只是它们由于愈益稠密的国际和跨国交往而改换形式或者有时被加剧的某几个方面。

作为全球化的根本表现和根本媒介的这种交往，无疑在前所未有的程度上增进了不同国家、不同民族社会之间的了解，但受国家政府和种种社会政治势力往往意欲、并且能够施加的阻滞和扭曲性影响，再加上民族社会之间在彼此了解方面必不可免的固有限制和片面性，这种了解根本不可能达到完全或近乎完全。不仅如此，国家间的互相了解、互相依赖以及对这互相依赖的知晓，其本身并不产生国家间的共同价值观念，也许甚至不产生或不一定产生共同利益感；一个高度整合、因而甚少冲突的国际社会，并非仅仅需要国家和民族社会互相间有稠密的交往，而且更重要的是需要它们有足够广泛和深厚的共同利益感和共同价值观念，并且在此基础上形成多种有效的国际共同规则和共同运作体制。人们还可以注意到，正是在全球性交往和互相依赖急速发展的当今，发生了大多由美国或美国伙同其若干西方盟国发动的多次国际干涉（联合国的干涉除外），其频繁程度至少不亚于先前。不仅如此，倘若考虑到上述国际干涉通常兼有"民主化"和"国际法制化"动机，而这些价值观念的上扬又同全球化不无重要关系，那就可以说全球化在一个重要方面以新的形式继续，甚或多少加剧了传统的国家间的斗争。

还可以断定在全球化和互相依赖愈益发展的世界上，国家间在军事安全领域之外的"位子竞争"（positional competition）大概在世界政治中占有一个中心或近乎中心的地位。这类竞争是国家间，特别是强国间就争取经济资源、市场份额、技术优势、威望和政治影响等"位子价值"进行的斗争。按照这套论断的提出者兰德尔·施韦勒尔的看法，在理论上，也在大多数现实环境中，安全是双赢或多赢性质的，而生性不足的"位子价值"是单赢性质的：安全"既可以共同向往，也可以共同分享，而不减少任何一个行为者对它的享有"，位子价值却非如此，例如"倘若每个国家都有（显赫）地位，那就没有哪个国家是如此"。很明显，"位子竞争"乃是多少改换了形式的传统国际斗争，而世界经济和技术越随全球化的发展而成长，这类竞争就有可能越突出甚至越尖锐。

有必要强调一下"1914 年的教训"。第一次世界大战毕竟显示，大国间全面战争的爆发可以同它们之间的经济（甚而相当大程度上连同文化）互相依赖看似矛盾地并存。问题在于，"政治冲动可以比经济需要更为有力"，何况往往还有对立的民族情绪、民族主义和其他意识形态理念等一向强劲的力量与这"政治冲动"一齐起作用。第一次世界大战爆发前三年，一位德国著名作家颇为与众不同地写道："世界比先前任何时候都更加是一个大整体，在其中一切都互相联系，互相影响，但一切也都互相碰撞，互相冲突。"可以认为，撇开其中修辞性的夸张，这句哲理似的断言多少也适用于全球化潮流中的当今和未来世界。

四　变更倾向中的全球治理规则难题

在世界范围广泛流行或共生的跨国价值取向可以称为"全球政治文化"。当前，全球政治文化正在颇为显著甚至急剧地发生朝本土主义—民粹主义—民族主义方向变更的倾向。不仅如此，与冷战结束以来的先前任何时候相比，国际地缘政治中的大国基本关系可谓强烈动荡，其主要内涵是中美两国间的战略竞争迅速加剧，俄罗斯与美欧强烈对抗，中俄两国间的战略协作则作为这两大事态的一个结果而大为提升。在如此的基本生态中，全球治理规则在一系列功能领域的形成、调整和贯彻上面临程度空前的困难。

与广泛流行了许多年的乐观的自由国际主义时代观和世界观

相悖，也与治理全球性、区域性国际共同问题和跨国问题的被公认的紧迫需要相悖，在当今时代，总的来说多边机制呆滞和低效，多边合作前景相对黯淡或渺茫。"全球治理"前景较为黯淡，无论要治理的问题是"同舟共济"应对世界经济衰退威胁、谋求国际金融体制改革或完成多哈贸易谈判，还是海洋争端和海上行为对立、防止核武器扩散、涌向欧洲的中东西亚难民大潮、"伊斯兰国"的恐怖主义战争或所谓"保护责任"即干预或干涉主义，众所周知，就这些问题而言的全球治理规则的形成、调整和贯彻难上加难。几乎罕见的重大例外是 2013 年以来取得重大进展的应对全球气候变化事业，那依凭中国晚近的巨大的主动贡献，还有中美两大首要排放国之间的有效协商和协调，或许通过七国长时间艰难协商而实现的伊朗核协议也是如此，就此中国的贡献也非同小可。

作为东道主举办 2016 年 G20 峰会。中国政府高度重视，认真操作，决心争取通过这次峰会为 G20 增添它显著发展的较强劲动力，因为毕竟 G20 是当今世界唯一包容主要发达国家和主要发展中国家两者的全球性政治经济（global political economy）最高级协商平台和论坛，毕竟中国有志愿、有创意、有方案要通过 G20 各国的可能的最大程度合作，争取使之更契合全球经济发展和社会公正的突出需要，并且具有初步的可持续的体制性安排前景。我们期望今后的事实证明中国就此做出了能够结出实际硕果的有效贡献。

然而如前所述，全球治理前景依然较为黯淡。除了后面要谈论的大国地缘政治竞争甚为严重之外，前景较为黯淡的基本原因有 4 个：诸多大国利益严厉限制；某些关键性小国"顽固不群"；所涉的广义和狭义的技术问题异常复杂而且新颖；"全球政治文化"的变更倾向。有讽刺意义的是，尽管有历时多年的多边主义国际合作理论思想滥觞和舆论流行，但目前世界性国际和平和安全领域内大致唯一有真实的定夺权威和下令权能的，只是 1946 年设立的联合国安理会！不仅如此，几大区域的多边主义合作前途或高度不定（欧洲），或大为渺茫（亚洲），或其体制功能证明远不如初衷（北美自由贸易区）。此外，还有地缘经济甚或地缘战略意义上的多边体制创议之间的大国竞争（其头号例子是 TTP vs. RCEP/FTAAP）。

其实，所有这些大多属于适逢"艰难时节"的正常情况：恰在这更需要国际广泛合作和多边体制的时候，往往自顾自保优先，合作意愿减退，义务分配困难，体制创建维艰，或已有体制低效。应然往往远异于实然，当今国际"集体行动"的困难远甚于自由国际主义理论学说在先前"较好时节"所言所料，其时至少世界经济状况良好得多，同时权势格局变动也窄小得多。

关于新近赢得美国总统竞选的唐纳德·特朗普，至少有一点非常重要的特征显著昭彰：他从共和党总统候选人竞选开始，到赢得白宫总统宝座，甚或直至当今，从未对美国的宪政民主制显现过真诚的尊敬，从未对以颇大程度上的社会取向多元化和以宽容为特征的当代美国传统主流价值观做出过真诚的呼应，也从未对比较开放和自由的世界经贸体制乃至更广泛的全球国际和跨国合作表示过真诚的赞许。不仅如此，严格地说很大程度上正是由于如此，他才赢得了总统竞选，主要靠的是以与所有这些相悖的放纵、专横、偏狭和排外，去迎合、煽惑和聚合美国"白人草根"。

事实上，在特朗普选胜以前，人们就可以相当强烈地感觉到某种意义上的"变天"趋向：全球政治文化正在颇为显著甚至急剧地发生朝本土主义—民粹主义—民族主义方向变更。美国特朗普－桑德斯孤立主义、单边主义潮流的强劲凸显，宪政民主体制在美国许多"白人草根"选民那里遭遇的相当广泛的心理动摇甚或信念瓦解，英国经全民公投产生的令人意外的脱欧决定，比冷战后头20年远为广泛和频发的经济保护主义，欧洲国家愈益高涨的反穆斯林移民潮舆论和欧洲极右翼运动的更大的势头，等等，都表现了这一趋向。不仅如此，俄罗斯普京咄咄逼人但颇得国内民心的，与西方在战略和军事上的激烈对抗态势，土耳其埃尔多安政权的民粹主义的伊斯兰化举措和急剧集权趋势，菲律宾总统杜特尔特的法外反毒、对美攻击、连爆粗口和所有这些至今在菲律宾国内草根民众那里得到的喝彩，在中国台湾地区导致台独政党经普选大胜而执政的大众政治大变动，在香港地区严重作乱的"黄伞"/港独逆流，甚或中国本身的部分显要舆论，等等，都显示本土主义—民粹主义—民族主义在世界范围的风行倾向。那与世界的广泛和深刻的经济、社会、技术、文化和地缘政治动能密切相关，而相关各国的"自由国际主义"传统精英对此准备甚为不足，应付起来捉襟见肘，甚至颓势可观。

这类"全球政治文化"的变更倾向应当说是全球范围国际秩序动荡和"裂变"的重要动能和表现，多边机制的总的呆滞和低效在其中就更可理解。在这样的基本情况下，中国一方面仍要努力在推进全球和区域的多边合作方面起更大的作用，但另一方面需要广泛和深入地考察全球逆动倾向，认识到中国一国不是足够的全球化国际秩序（或至少自由、开放的全球贸易秩序）稳定器和顶梁柱，甚或还要有一定的"无力回天"的思想准备和政策准备。

仍需回过来再讲特朗普。特朗普当选美国总统表明，世人自冷战结束前后至今大部分时间里大致一直熟悉的世界面临着严重危险。什么是这熟悉的世界？在这个世界里，有着世界绝大多数重要国家以其基本政策赞护的愈益增进的全球化，还有这愈益增进的全球化在世界各处粗略而言大致比较有益的经济效应甚或社会效应；在这个世界里，很广泛地存在着相信上述这两点的意识形态信念，或者说有着占显著优势的全球开明政治文化；在这个世界里，不仅中国怀抱主要出自改革开放和经济腾飞的自信，而且各发达国家也怀抱自信，那特别在 2008 年金融危机和经济衰退以前相当充分；在这个世界里，大国之间的关系大体而言相对稳定，而且比较互容和协调；在这个世界里，从战略心理和军事态势上说，美国不那么神经质，中国不那么激进，俄罗斯不那么不顾一切（desperate），日本不那么"修正主义"。

现在，所有这些都已改变了，或者正在显著地改变！换句话说，世人自冷战结束前后至今大部分时间里一直熟悉的世界已经大致结束，或者至少正在结束。对中国来说，一个在显著变弱和失序中的美国和西方必然给出非同小可的战略和外交机会，但同时将会在中国自身就经济和金融而言相对为难的时候相当严重地加剧这困难；还有，美国和西方的变弱和失序很可能使得中国就中长期而言在对外战略政策上更加大为发力、大作进取，在战略审慎近年来已经显著减少的时候。较具体地说，特朗普的战略安全政策和外交政策可能会给中国提供一些可以利用的机会（尽管这机会大概将比中国现在许多人预料得要小，并且可能包含上面提示的风险），但是这与它对中美经济金融关系会造成的伤害相比是第二位的，因为中国现在面临的首要挑战就在经济金融方面，而中美经济金融关系对中国经济金融意义重大。

不仅如此。如果我们考虑到下述可能性，那么中国可能因为特朗普执掌白宫而受损的预测就变得更加有理：他向美国人许诺的"美国第一"国内经济政策，包括减税、松弛金融和商业管制、大建基础设施和阻抑资本外流，有可能到头来将美国经济促进或重新振兴到一个地步，那使美国在"原始实力"（raw strength）方面"重新伟大"起来，同时使中国在颇大程度上不再享有世界主要经济体中间就经济增长而言的最领先地位，那是中国的国际权势的一大基础、中国的全球影响的迄今首要源泉。不仅如此，甚至在战略和军事领域，中国也有可能迟早发现特朗普——一名尽管不正常和有孤立主义倾向的共和党人——会像那些尚武好斗、信仰"原始实力"的共和党人那般行事，那般对待美国的防务预算、美国的世界军事优势和美国在西太平洋的军事力量。

最后，让我们回到已经预示的、关于全球治理规则的结论：

在全球政治文化的变更倾向和大国基本关系的强烈动荡中，全球治理规则的形成、调整和贯彻面临程度空前的困难。全球治理规则的形成、调整和贯彻首先取决于所有重要国家与其国内社会能否建设性地阻滞和扭转这变更倾向和强烈动荡。必须抵制正在全球范围扩展和增进的本土主义—民粹主义—民族主义政治文化，必须争取大国基本关系的稳定和改善。这样的努力实属必要、实属可贵，而且至少能够取得重大的部分成功。

基督宗教传统与现代西方文明：
世俗化与再神圣化

李天纲[*]

引言　宗教研究作为"显学"与"险学"

1. "政教分离"与"世俗化"

这几年，宗教在中国变成一个越来越热门的话题，人们常常出于好奇心来谈宗教。因为不了解，就好奇宗教到底是怎么回

---

[*]　李天纲，复旦大学哲学学院教授，宗教学系主任，博士生导师，中国宗教学会理事，上海宗教学会副会长。著有《跨文化诠释：经学与神学的相遇》《中国礼仪之争：历史、文献和意义》《文化上海》《人文上海》《南京路：东方全球主义的诞生》《大清帝国城市印象》《心同东西》《马相伯与近代中国思想》（英文）等著作，参与主编《徐光启全集》和《马相伯集》等。

事。也确实因为有很多宗教问题出现了，被我们感觉到了，大家对宗教知之甚少，想了解，然而又没有渠道。直到现在，在公共媒体里面，从电视、报纸、杂志上是看不到宗教的。很多人会去烧香拜佛，到玉佛寺、静安寺、龙华寺烧香、做道场，到国际礼拜堂、教堂做礼拜，最近还常常看到穆斯林在街上做祷告。但是媒体就是讳莫如深，不可以讲的。这其中有非常重要的原因，这是哲学家要谈的根本问题，涉及哲学史上的一条现代性的原则，即"世俗化"。

不单单是中国，人类进入到 19、20 世纪，先进国家的政治原则就是"政教分离"和"世俗化"。政治和宗教要分开，宗教是私人的事情，不要在公共场合谈论。有一位很重要的哲学家威廉·詹姆斯（William James，1842～1910），美国哲学的奠基人，哈佛大学哲学系有一幢大楼用他的名字命名。詹姆斯并不是反对宗教，他本人还是基督徒，但他主张宗教是个人的事情，人类的心理需求导致宗教，自己修身养性就好了，不要介入到社会中去。在《宗教经验之种种》一书中，他基本是这种观点。现在欧洲和美国的政治就是这么做的，在公共场合少谈宗教。谈左派、右派的社会主张是可以的，共和党还是民主党，这是政治问题，社交场合可以稍微谈一下。但是谈宗教问题是不行的，即使是闲聊，也要很谨慎，最好保持沉默，对别人信仰保持沉默、保持尊重。这本是好意，16、17、18 世纪的宗教冲突，让欧洲人吃尽了苦头，那种暴力、垄断样子的宗教势力必须退出公共领域。20 世纪的"世俗化"使我们变成现在这样的一种做法，即在公共领域完全不谈信仰。因为"政教分离"，宗教退出，社会就世俗化。

关于神圣世界的经验还有，但它是私密的。20 世纪的现代人对宗教就慢慢陌生了。

"世俗化"之外还有"科学主义"，19 世纪末的时候，人类相信科学能够解决所有问题，宗教这个事情只是遗留下来的心理问题，说不准、说不透，既然没有能力说，索性对它保持沉默。哲学家维特根斯坦（Ludwig Wittgenstein，1889～1951）主张"认识不能超越于经验"，哲学应该像科学一样，只是研究经验、生命、伦理、价值、信仰和宗教等等，都是"不可说"的。"凡是不可说的事情，就应该保持沉默。"按维特根斯坦的答案，宗教这个问题说不清楚，对说不清楚的事情应保持沉默。

但是这个看法最近几十年里遇到了很大的挑战，宗教话题总是顽强地冒出来，有人认为几百年的"世俗化"之后，信仰没有消失，宗教反而复兴了。知识界不谈，民众要谈；年轻人不谈，老年人想谈；现代国家的政府不谈，一些神圣组织的领袖要谈。美国大选里的宗教话题非常突出，这次尤其激烈。在欧洲，西方人不谈，移民进来的穆斯林要谈，甚至要用"圣战"的方式和你交锋。总的来说，传统的基督宗教在北欧、西欧、南欧国家是衰败了，但在俄罗斯、东欧等一些国家和地区是复兴了。

从这次美国大选选出特朗普来看，美国人还没有放弃传统信仰，主流教派、南方教会、福音团体都很活跃，并没有把宗教仅仅放到家里去谈。事实上，美国各派教会在社会上还起着很大作用，学校、医院、基金会、慈善组织都在做。美国主流教会都是接受"政教分离"和"世俗化"原则的，承认科学结论，说不过科学家的就承认、接受，连看起来否定《圣经·创世纪》的

"进化论"也是想办法接受，调整自己的神学，并没有退出"公共空间"。美国一般老百姓在政治当中会表现出很多信仰因素，譬如堕胎问题，不能杀孩子；譬如同性恋婚姻问题，人类只能异性繁衍。这是什么原因？原因不是世俗的，是宗教，因为生命是上帝赋予的，人不能剥夺；上帝规定的是亚当和夏娃，而不是两个亚当，或者两个夏娃。天主教徒和教会比较靠近民主党，因为他们强调社会平等；基督新教偏向自由主义，比较靠近共和党。但在"生命"这个问题上两教是一致的。在美国公共生活当中宗教并没有消失，这是我们现在都看到的，我们一会儿会分析美国和欧洲情况。

无论如何，我们的政治原则是政教分离，教会不能干预社会事务，这些都必须坚持，否则回到"政教合一"时代，政府干预信仰，用意识形态来洗脑，那就完了。但是，应不应该在教会之外的"公共空间"里面讲宗教，一般人的交往中可不可以拿信仰的内容来讨论，这是一个新问题。有两个当代最重要的哲学家已经发现宗教不能只是作为个人的问题处理，宗教要作为公共的问题，放在公共空间里面来谈，这两个人一个是哈贝马斯（Jurgen Habermas），另一个是查尔斯·泰勒。哈贝马斯是德国哲学家，他是在《自然主义与宗教之间》里讲的，这本书前几年由我们宗教学系的郁喆隽教授翻译。我们复旦大学哲学学院有一个机构叫利玛窦、徐光启文明对话研究中心，简称"利徐学社"，是魏明德教授和我在主持，也翻译介绍了哈贝马斯与前任教宗的对话。前任教宗本笃十六是个神学家，世俗哲学家与教宗对话，本身就是突破，以前很少出现。过去的哲学家反对宗教，从来不会和教宗坐在一起，哈贝马斯和本笃十六的对话是有象征性意义的。倒不是哈贝马斯"拥护天主教"，他仍然是左翼哲学家，并没有要改宗信上帝。但是他认为现代社会要谈信仰，他是带头来做了。查尔斯·泰勒是加拿大籍哲学家，在英语世界数第一了，他最近出版了《世俗时代》，是一部皇皇巨著，在哲学界反应非常热烈，大家都认为他说出了一个新的时代，讲清楚了"世俗化"以后的人类信仰。

顺便讲一下本笃十六教宗退位的事情。现在的梵蒂冈教会和中国人想象的完全不一样了，天主教不是你们印象中的老面孔了，已经非常进步。20 世纪 60 年代的"梵二会议"以后，天主教会"世俗化"程度非常高，改革速度非常快。"教宗无错论"已经被打破了，教宗也是人；教宗终身制也被打破了，本笃十六自己提出退位；教宗高高在上统治教会的形象也改变了，新任教宗方济是个耶稣会士，他给信徒和神父洗脚。我两次有机会在罗马耶稣会总部大楼里看教宗在周末接见圣彼得广场上的世界各地朝圣团，那既是朝圣团，也是旅游团。广场上唱歌跳舞，教宗从窗口出来和大家招手，就像是粉丝们在开派对，完全是一派世俗的欢乐。这样的公共空间，没有什么不好。

1996 年冬天的时候，我和哈贝马斯同时在巴黎法国人文科学院访问，住在同一个招待所里。去听他在巴黎法兰西学院的演讲，他说的大意是世界面临很大的问题，要讲"普世价值"，不然人类社会就会解体。后来逐渐明白他讲巴黎和会、讲华盛顿会议、讲联合国宪章，都是研讨不同宗教信仰的人应该怎样相处。要维持人类文化和精神的共同体，大家能够在一起生活下去，就必须处理宗教的问题，必须把这个问题放到台面上来。那个时候欧洲英、法、德国已经开始伊斯兰化。土耳其人在德国，阿拉伯人、印度人、巴基斯坦人到英国，北非、地中海的穆斯林到法国，成为这样的格局。这种情况当时已经出现，但没有现在这么严重，欧洲人欢迎这样的"多元文化"局面，不觉得不同信仰是个大问题。这个时候，哈贝马斯已经说了，信仰的问题一定要公开讲，因为欧洲人已经在世俗化生活中忘记了宗教，穆斯林带着信仰进入欧洲，把这个问题挑明了。后来，发生了科索沃事件、乌克兰冲突，东欧的宗教也卷入政治冲突中，哈贝马斯都对这些问题发表了看法。伊斯兰教最近五六十年反"世俗化"，出现了原教旨主义化，更严重的有极端主义和恐怖主义，非常糟糕。原教旨主义是要回到纯粹信仰、回到古代、回到经典，按照"先知""圣人"的话，一字一句去奉行，所以叫作 fundamentalism。30 多年前，我们把它翻译成"基要主义"，即放弃"世俗化"，回到基本教义。这种情况在伊斯兰教当中，在 50 年前，也就是第二次世界大战以后就已经慢慢出现。哈贝马斯，还有一些神学家开始意识到这些问题，觉得这个问题必须讲，不讲反而很危险。

2. "公共空间"与宗教话题

中国人现在不太谈宗教，并不是我们文化中间缺乏信仰基因，好像说"中国无宗教"。以前在明朝、清朝甚至中华民国都是谈宗教的。明朝讲"三教合一"，王阳明学派是主张的，儒教、佛教、道教都可以谈，谈"上帝"。上帝这个词是汉语，"上帝""天""命"这些词都有神学意味，所以"天主教""上帝教"就拿去用了。这些词都是中国人的词，不是进口的。天主教刚刚进入中国的时候，利玛窦和徐光启商量，他们把欧洲天主教传到中国，传播的时候选择中国人宗教中跟他们对应的，就翻译过去。"上帝"相当于英语的 GOD，拉丁文是 Deus。他们认为是可以对应的。中国人也讲上帝，无论汉语、汉字，还是《四书》《五经》《道德经》《南华经》，老子、庄子、孔子，都谈信仰宗教问题。

在西方，世俗化和科学主义抑制了宗教话题。在中国，受"现代性"的影响较小，受共产主义无神论的影响较大。以前在苏联、东欧和其他共产主义国家，根本不需要禁止谈论宗教，宗教本身就被消灭了。我不认为共产主义是一个宗教。虽然在一些功能上相像，但并不是宗教，共产主义比较高远，它是政治信仰、社会信仰，和宗教信仰是不同的。

谈宗教危险，我们把它叫作"险学"；很多人想了解，暗中又普遍谈论，其实它应该是一门"显学"，是很重要的学问。"显学"这个词是梁启超提的，清代末年西方学术都成为大家愿意去学、了解的东西，这个叫作显学，基督宗教也在其中，是很显要的学问。后来却是不能讲的，变成危险之学，现在不但是讲宗教，就是讲宗教学，也还是有一点儿危险。

我很珍惜这样的机会，轮到讲宗教，一定要讲，因为讲宗教的机会很少。宗教学系的老师和学生很不被人理解，家长不理解为什么要学宗教？他自己思考信仰问题，烧香拜佛就不算了，真的要孩子去念宗教本科、硕士，家长会有顾虑：念宗教干什么？这个很危险，学了也不能当饭吃。我们讲得很明白，宗教学和神学、佛学是不一样的，宗教学和中文、历史、哲学是同样的，是客观、中立、严谨的世俗学术。但这个观念很难被接受，有的家长以为学宗教学就是出家了。福建地区一些孩子有到闽南、普陀当和尚的，邻居们把考取复旦宗教学系的孩子，也当作和尚、尼姑一样看待。

把宗教学当宗教，再把宗教当迷信的习惯一直存在。举例来说，徐光启是中国第一代天主教徒，安葬在上海徐家汇。2003 年在他的墓前重建十字架，因为 1903 年确实是有一座十字架的，后来拆掉了。我们是恢复旧物而已，有些人就不理解了，就有一两个人写上诉信，说徐光启是一个科学家，怎么能弄一个迷信的十字架放在他的墓前面？这个问题就表明天主教、基督教在中国还被看作是"迷信"的，佛教、道教就更不用说了。很多干部、知识分子、一般民众还是把西方宗教、本土宗教一律看作"迷信"。

宗教本身是一个问题，外来的基督宗教就更是一个问题了，谈起来伤感情。比如说今天是圣诞节，圣诞节这个"洋节"能不能过也是一个问题。刚刚看到微信当中又有传，西北地区有学校规定不能过圣诞节。2016 年浙江拆教堂十字架也是个问题，教堂顶上竖个很大的十字架，这是温州教会的特点。温州很少有外来传教士，教徒都是本地人，不应该看作"洋教"了，但管理人员硬是要拆十字架，说它显眼。这个问题我们不置可否，宗教学不是站在信徒的立场的，我们是站在中立立场的。我们只能说，宗教，尤其是外来宗教，仍然是一个问题，仍然是一个禁忌。基督教的话题不讨好，还有一个原因是民族主义。中国人的意识形态当中除了共产主义，还有一个民族主义。民族主义也是外国来的，虽然它是反对帝国主义、殖民主义的。列宁有个殖民地理论，他动员东方民族反对帝国主义。基督宗教是帝国主义侵略、毒害中国人的工具，有这样的排外因素，外来宗教就更敏感了。我们这样的讲座就是要慢慢让宗教话题"脱敏"，回归正常。

一 基督宗教是理解西方文化的一把钥匙

今天的题目是"基督宗教的传统与现代西方的文明"。是"基督宗教"，不是"基督教"，这个差别下面再讲。后来觉得这个题目太大了，缩小范围讲"世俗化与再神圣化"。"文艺复兴"以后，欧洲提倡"人文主义"，信仰从天国转向了人间，注重现世生活，"The world of this"，这个叫"世俗化"。最近几十年，情况发生了逆转，有些神学家、宗教学家和哲学家发现"世俗化"并没有往下走，21世纪的人类倒是有一种"再神圣化"的倾向。这是最新的发展，所以我想用这个副题目来讲我们的宗教问题。我把中国的问题看成一个小问题，是人类问题的一部分。中国人不需要总是把自己的问题看得那么大，中国是世界的一部分，它的问题也是世界问题的一部分。我们这就来讲基督宗教的问题，仔细了解一下基督宗教的传统，才能看清中国宗教的现实问题。

"基督教，了解西方文化的一把钥匙"，这是我1987年写的一篇文章用的题目。那篇文章介绍了叫作亨利·纽曼的英国主教。他是非常重要的天主教徒。要了解西方文化，哪怕是西方近代以来的世俗文化传统，就必须了解基督宗教。一般西方学者不想谈基督宗教，就像现代中国学者不喜欢谈儒家一样。"五四"以来的学者不喜欢谈儒家，西方人从"文艺复兴"到"启蒙运动"，越来越轻视基督宗教，我们的西方同行、欧美大学的教授，都不喜欢基督宗教。美国的读书人数比欧洲人、中国人少，有点家学的，多半还是牧师、传教士家庭。基督宗教是他们的文化背景，但很多人对自己的传统文化持批评态度，不喜欢自己的宗教。他们也不太理解为什么中国学者要研究"我们的"基督宗教，就像我们看到"洋儒家"有点别扭一样。我说基督宗教仍然是你们的老祖宗，就像我们儒家一样，不喜欢也要研究。你们不喜欢，说不定在我们那里还有价值呢！

亚伯拉罕宗教

我一直讲"基督宗教"，而不是"基督教"，两者是有差别的。中国人到现在还搞不清楚怎样区分基督宗教内部的不同教会、教派，因为翻译中间有很多误会。现在的宗教学界想做一个明确的译名分类，基督教就是新教，即"Protestant"。在上海、在民间，老一点儿的人叫它"耶稣教"。天主教徒属于基督宗教，相对"新教"来讲，他们是"旧教"，但是很不愿意别人以"旧"相称，所以外界还是按他们的意愿称"天主教""公教"为好，就是"Catholicism"。我们把天主教、基督教，加上东正教，放在一起，就是"Christianity"，现在翻译成"基督宗教"，以前是乱的。中国香港、中国台湾在20世纪50、60年代就用"基督宗教"，是从大学里面开始的。其实Protestants并不是一个教会，有很多教派，圣公会、循道会、路德宗、长老宗、浸会、浸礼会、安息日会等等，不计其数，各不统属，统称为"新教"，翻译也很多，有"更正教"（Reformed），有"抗议宗"（Protestant）。另外，"正教"也不是一个教会，有俄罗斯东正教，还有希腊正教，这两个又是不一样的。

在宗教学系初上基督宗教课程的时候，大部分学生都不明白这个关系。中国人对西方宗教太不了解了，有位知名作家分不清楚神父和牧师，会议上乱称呼，硬是说徐家汇教堂里的宗教是"耶稣教"，其实是天主教的"耶稣会"。神父是出家人，牧师是可以结婚的。牧师是基督教的，和太太一起出来传道不要惊讶。天主堂的神父受了"圣召"，守贞洁不能结婚生子，有的话就是丑闻啦。宗教和教会知识的缺乏会产生很多的误会，义和团就是这样搞起来的，搞不清楚"洋教"是什么，谣传说告解礼、终傅礼是奸淫妇女，还挖小孩子眼睛去炼丹，等等。所以宗教对话和相互了解很重要。

基督宗教三大教会和犹太教、伊斯兰教是同源的。《圣经》有《新约》《旧约》，三大教派都用《旧约》，只是更重视《新约》。《旧约》本来就是犹太人的经典，但不接受《新约》。伊斯兰教也承认《圣经》中的先知，《新约》《旧约》当中的人、事件和某些教义都是可以接受的。譬如像亚当、诺亚、摩西、亚伯拉罕、大卫王，包括耶稣、玛丽亚都出现在伊斯兰教的《可兰经》里，都有一定的地位，只是强调穆罕穆德是"最后的先知"。伊斯兰教的"易卜拉欣"，就是"亚伯拉罕"，被尊为阿拉伯民族的祖先，所以我们把这五种教会称为"亚伯拉罕宗教"，共同的特征就是信仰上的一神论（Monotheism），唯一真神，和其他民族的多神教信仰不同。犹太人说是弥塞亚、亚未；基督宗教说，对呀，弥塞亚来过了，就是耶稣呀，耶稣已经来过了，只是你们不相信而已，你们要信。伊斯兰教也是这样声称，唯一的真神，就是穆罕默德，是更高的上帝。历史上五大"亚伯拉罕宗教"打得你死我活，不但不同宗教之间，而且内部的不同派别之间都激烈争斗，这就是"一神论"传统的排他性。如历史上的十字军东征，当代伊斯兰教逊尼派、什叶派之间，为了教义的纠纷，发生了惨绝人寰的宗教战争，还有伊斯兰教恐怖组织袭击文明社会。天主教、基督教、东正教，还有犹太教，都是通过"世俗化"，发展了"人文主义"的价值观，才把激烈虔诚的信仰柔化了，慢慢变成了对社会有益无害的良性宗教。

一神教与多神教

马克斯·韦伯和其他一些哲学家谈论"现代性"，充分肯定"一神教"，因为现代社会毕竟首先是从基督宗教文化背景中发展起来的，宗教信仰和社会进步总有一些关系吧？韦伯的《新教伦理与资本主义精神》就是这样的思路。他的结论是从新教伦理发展出资本主义精神，推动了欧洲的现代化，别的宗教都不行。"韦伯命题"曾被很多人接受，我至今还觉得非常有道理。然而，现在的西方宗教学家发现"一神教"的排他性很有问题。一神教好，好在信仰认真，用在社会建设中当然是好事情。一神教不好，不好的一面就是太虔诚，吵起架来没有底。20世纪的哲学家、学者、思想家等研究不同民族文化的人就觉得一神教在这个问题上很糟糕。以前是基督宗教引起冲突，现在是伊斯兰教原教旨主义教派导致了这么多灾难性的结果。

中国人信仰的是什么宗教？我们被认为是多神教，也被认为是乱七八糟的宗教，什么都可以信，信很多神，这个叫作Polytheism。"Poly"就是"多"；"Mono"就是"一"。"一"和"多"是希腊哲学和中国哲学都讨论的问题。一般都认为东方宗教（日本、中国、印度，包括印第安人的宗教）是多神教，也确实是这样。中国人相信孔子、老子、佛陀，还有弥勒、济公、东岳、天后什么的。每一个神都信，各有各的用处。到处拜，今天拜这个，明天拜那个，不像是一个完整的信仰。多神教信仰一直被西方宗教轻视，现在看起来至少有一个好处，它比较少打架。一般来讲，有一条政治原理，即民主国家之间不打仗。另外，大概也有一条宗教原理，即多神教民族之间也不太打仗。不说绝对没有，比较少。印度宗教之间，婆罗门教、耆那教、佛教之间不大打仗，受伊斯兰教影响的锡克教是一神教，就比较虔诚，很强悍，给英国人当兵，在上海做警察的印度人（"红头阿三"）就是锡克教徒。当然佛教也有战争，按照我的同事刘宇光的研究，现在斯里兰卡的猛虎组织信仰佛教，是主张暴力的。我觉得是受了现代"民族主义"的影响，以前一般佛教、道教、儒教本身不太会起冲突，借它们组织起来，起义、造反的有，不是纯粹为了信仰。

按照韦伯的看法，就推动现代社会理性来讲，基督宗教当中的新教比天主教好，德意志民族的新教伦理最好。德国人信"天职"，很虔诚、很规矩，遵守天条，讲精确、讲理性、讲道理，很严谨。这些都不单单是世俗的民族性，而是对上帝的信仰。他们相信世俗事业的成就会带到天国去作为成就。或者说，在地上做企业，赚钱成功，也证明上帝在关注我、引导我，给我恩典（Grace）。信仰激励了信徒的创业精神，这就是所谓的"新教伦理"。韦伯的书就叫作《新教伦理与资本主义精神》。韦伯是冲着马克思去的，马克思认为社会进步靠物质生产，所以重视商品、生产力、生产关系。韦伯认为社会进步不在于物质关系，而在于精神原因，即新教的信仰。信仰导致了社会伦理，伦理推动了社会进步。韦伯说，这个伦理只有德国人有，只有新教有，天主教也不行，东正教更加差。然后他又着手研究了犹太教、印度教，以及儒教和道教，他都写了书的。他写了《儒教与道教》《古代犹太教》《印度教和佛教的社会学》，都是在《新教伦理与资本主义精神》之后写的。他要证明其他的宗教不行，不能产生现代性，不能产生资本主义，多神教很难产生现代性。大家也能发现，德国、英国、美国、加拿大、澳洲之外，很多不是新教传统的国家，法国、意大利、西班牙、以色列、日本、韩国、中国台湾、中国香港、新加坡，都完成了一个相当完整的现代化。我很佩服韦伯的研究，但是很遗憾地说，现在大部分的学者都不接受韦伯的这个结论了，他的结论过时了，必须调整。

外在超越与内在超越

中国宗教、东方宗教和西方亚伯拉罕宗教的差别，还有哪些表现？有一个很流行的看法，是说一神和多神以外，另外一个差别是东方宗教强调内在超越，亚伯拉罕宗教强调外在超越。什么叫作内在？什么叫作外在？英语里面叫作"Internal"，就是内心的；外在就是"External"。外在的超越就是认为最高的存在是上帝，上帝是造物主，是在头顶上存在的。无论你承不承认，是他造了这个世界，大家都要相信他，他就是上帝，是最高的存在。内在超越是佛教、婆罗门教、瑜伽和儒家传统，包括日本和韩国的信仰，是在内心里面找到信仰。内在超越向内寻找，信仰内心有一个小世界、小宇宙，需要探究发掘。练习印度佛教、婆罗门教，包括瑜伽可以体会到，它要把你的信仰引到你的内心。这两种超越被认为是东方宗教和西方宗教最大的区别。这样的区别或许有，但像一些当代新儒家学者说的，东方就是内在，西方就是外在，把儒家说的和西方宗教完全没有可比性，我是不同意的，很多西方学者也不这样认为。

中国人也讲外在的上帝，《五经》中也有上帝，这个上帝就在天上，跟基督教、亚伯拉罕宗教当中造物主差不多。我们的女娲也是可以造人的，你可以说《山海经》《三五帝纪》是"迷信"，但不能说它不是中国的、不是传统的。中国人讲"举头三尺有神明"，那个"神明"在上，不也是在外面的吗？内在超越，被一些学者认为只是东方宗教的特征，其实基督宗教也讲内在超越。比如奥古斯丁哲学也是非常内心化的，他的《忏悔录》开创的传统就是让天主教徒作内心修炼，教会有非常发达的"灵修学"，教你怎样修炼内心世界。希腊文化中也有很强大的内在超越传统，有个"特尔斐神谕"，刻在特尔斐神庙上的一句话，叫作"Know yourself!"了解你自己，向内寻找真理，在你内心当中找到真理，而不是简单地依靠外在的上帝。近代中国读书人有一种简单化的倾向，喜欢搞 essentialization，说什么事情都是中国就是如此，西方就是如彼，没法深入到内部去观察和分析。这种不好的读书习惯，从发蒙的时候就要避免。

一神、多神，内在、外在，都要重新认识，既然中国的宗教没有这么简单，那西方的宗教也没有那么简单，既有外在也有内在。我的观点是：阿奎那神学融合了内在和外在，奥古斯丁神学则比较偏向内在。基督宗教的神学"三位一体"（Trinity）的理论，讲的也是外在神和内在神的结合，"父""子"是从外部进入的信仰，"灵"就是进入内心的精神，需要细细品味。

《圣经》神学与自然神学

自耶稣传教以后，追随他的十二门徒，以及后来的传教使徒们记录了耶稣及圣徒们的言行，整理成《圣经》，这就是基督宗教信仰的依据。《圣经》是信仰的基础，中世纪一切信仰，甚至一般的生活知识，都是围绕《圣经》展开的。这种情况到后来也发生了改变，"文艺复兴"以后，实际上是中世纪后期，欧洲人也慢慢把原来希腊、罗马的哲学拿回来，在里面发现了自己丢失的东西，那是和《圣经》无关的自然知识。古希腊、古罗马还没有《圣经》，罗马帝国时期才有希伯来信仰传入。希腊、罗马原来也有自己的信仰，雅典娜、阿波罗之类，但是这些神话传说不能直接进入天主教神学，尽管天主教用了罗马的万神殿做教堂。但是，阿拉伯书籍中保存的柏拉图、亚里士多德哲学著作是社会生活必须用的，如数学、天文、地理、医学、法律、文学、哲学等等，随着城市生活的恢复，这些自然知识就慢慢整合到神学当中来。到了中世纪后期，神父学者就不单单根据《圣经》解释信仰，也要根据自然知识解读，使《圣经》符合自然知识。奥古斯丁是把罗马人的自然知识归到基督教的《圣经》体系中去，由俗到圣；阿奎那哲学则是设法把《圣经》神学拉回到自然知识中来，由圣转俗。意大利"文艺复兴"以后，神学的依据从《圣经》知识转向自然知识，这两部分发生融合，就导致世俗化的发生，因为科学也在其中慢慢产生了。

我们已经很难想象欧洲人在18世纪早期的时候，思考问题仍然是按照《圣经》来的，《圣经》怎么说就怎么相信，或者就说是"教条主义"吧。在很多知识领域里面，他们仍然按照《圣经》来判断，相信《圣经》胜过相信拥有自然知识的学者，科学家怎么讲也不相信。18世纪以前也没有真正的科学家，科学家和神学家混在一起。维科（Giambattista Vico）《新科学》（1725）提出一个"世界历史"，对应的是"《圣经》历史"。18世纪20年代的欧洲人仍然相信历史只有5600多年。整个天体、地球、山川、河流，以及人类、动物、植物都算在一起，只有5600年的历史，按今天的天文学、地质学、生物学、人类学的知识来看是不可思议的。但是300年前的人类就是这么看的。今天开明的神学家都承认的，应该把《圣经》当作一个包含着神圣信息的寓言、故事，回到当时人的认识去看，只有很少的"原教旨"教派的基督徒在抵制现代科学。按照《圣经·创世纪》第五章，"亚当的后代记在下面"，亚当活了930岁，他的子孙姓名、辈分、年寿都历历可数，都活到900岁以上，最短的以诺活了365岁。到了方舟时代，诺亚601岁的时候，洪水来了，他和三个儿子幸存下来，下面进入乱世，人的寿命就不那么长了。耶稣时代，《新约》里的人物寿命就和我们差不多了。维科以前的历史，就是按这个犹太历法（Chronology）来计算的。耶稣诞生前、亚当以后的历史一共是 3760 年，到今天加上 2016 年，就是 5776 年。1584 年，来华耶稣会士罗明坚写《天主圣教实录》，就告诉中国人这条信息，中国人有的信，有的不信。怎么可能？中国的共和元年是公元前 842 年，《史记》明确记载，其后的历史非常精确，已经两三千年了，加上夏、商、西周，至少四五千年吧？再往上还有伏羲、神农、盘古。对西方来讲，中国人的历史是自然历史，非常确凿。耶稣会士把"历史悠久"的中国信息传回去，要求修改"犹太人的历法"，维科的《新科学》里面就提出了一个"世界历史"，对"圣经历史"做了改正。18 世纪后期，欧洲人开始相信自然知识，慢慢地脱离《圣经》知识。《圣经》知识怎么办？《圣经》知识也在做调整，所以今天天主教《圣经》思高本对经典的说法常常都要做出注释，表明为什么亚当的年寿那么长，圣经的纪年和科学的纪年怎样调和。中国的基督新教《圣经》和合本就不太愿意修改，但是天主教会就认可了，这是一个比喻，当时人的纪年方法或许和我们不一样。

《圣经》知识要符合自然知识，这就是世俗化、科学化。欧洲那么进步，也只是在 18 世纪后期刚刚转过来，所以欧洲人也不能很骄傲，在两百年前有些方面还非常不理性。根据这个案例，能不能说中国人更理性呢？也不是，中国当时的纪年法，也不是科学的，并不知道地球、人类的历史有多长，大学者戴震的老师江永（1681～1762）是相信耶稣会士"犹太历法"的，他从盘古的线索考证，中国人创世也是 5000 多年。

主宰之天与萨满之魂

基督宗教和其他宗教有一个很大的差别，就是了解基督宗教更重视"天"的"主宰"，而一般宗教从人类自身出发，更加重视灵魂。中国人关于自然的知识也蛮多，儒家有"五行"，基督宗教用"四行"，这"四行"主要不在《圣经》里面，"四行"在希腊哲学里面，就是水、火、土、风。现在的哲学家把它翻译成"四元素"。其实在明代末年的时候，利玛窦他们直接就写上"四行"，和中国五行相配啊！中国人讲"五行"，我们有"四行"，我们"四行"可能也有道理吧！耶稣会士就是这个态度。

不同宗教对世界根本的看法是有相似性的，"五行"：金、木、水、火、土，怎么这么像"四行"？利玛窦就想不通了，是不是中国人自己加了一个东西？希腊毕达哥拉斯的"四行"学说传到印度宗教，如佛教的"四大"：地、水、火、风，是有点儿根据的，好像从印度传给中国，"四行"就变"五行"了。当时"五行"是在《易经》里出现的，早于希腊，所以也说不通。我是不在乎这个谁早谁晚、谁赢谁输，大家把这些思想的相似性放在一起讨论、研究就很有意思，这就是宗教对话。在比较和对话中，我们发现基督宗教有很多观点和我们近似，双方都得到了启发，这就好了嘛！大家发现，真正的科学知识，不在《圣经》里面，也不在儒家经典里面，而是在一种普遍的知识当中。知识世俗化、科学化以后，学者把希腊、罗马、欧洲、印度和中国的神圣知识发掘、整理出来，变成了我们的现代知识。

一般的宗教学说，比较多讲"灵魂"，因为关于生死嘛！譬如亚里士多德有"三魂说"，中国儒道佛都有"魂魄论"。今天学哲学的不把灵魂学说当作宗教来看，古人可不是。亚里士多德"三魂论"谈人的灵魂和动物、植物的分别。毕达哥拉斯谈灵魂，就认为动物的灵魂可以转为人的灵魂，和印度人的"六道轮回"差不多。亚里士多德认为世界有三种灵魂：生魂、觉魂、灵魂。生物皆有魂，植物是生魂，有生命没感觉；动物有觉魂，有生命会感觉。碰一棵含羞草也有反应，但不是感觉。动物还有嗅觉、听觉、视觉，狗的嗅觉比人还灵敏，但它们不会思考。人为万物之灵，只有人有灵魂，能记忆、能思考、能推理。亚里士多德灵魂学说是在中世纪后期才融合进来的，天主教耶稣会士到中国来之后，看到中国人的"理学"里面也谈鬼神、魂魄，讲的道理和"三魂说"有相似的地方，然后就开始讨论到底谁对谁错了。中国人不是不懂得信仰，也不是不讲宗教。现在讲中国没有宗教，儒家不是宗教，这是乱说的。因为他们不看这些东西的，儒家一直讲"鬼神"、讲"魂魄"，不讲怎么吸引人呢？

二　西方文化与基督宗教，比较中国文化与儒教

西方：两希文明

过去我们讲是两个东西构成了西方文化。现代西方文化是两个"希"，一个是希伯来，就是基督宗教，因为希伯来《圣经》奠定了基督宗教；一个是希腊，希腊哲学奠定了欧洲人的理性精神。一个是经典《圣经》，一个是自然知识。西方文明就是"两

希文明"，这是 20 世纪 30 年代中国第一代研究西方哲学思想的人，譬如罗念孙、周作人等人总结的。罗先生翻译希腊文学和经典特别好，今天还要看。他是在英国留学，一辈子研究希腊，但只是"两希"中的一希。另外一希，即希伯来信仰，我们研究得很不够，

20 世纪 30 年代以后，受"反宗教"思潮的影响，研究希伯来传统的学者不多，基督宗教和《圣经》一般都是教会学者来研究。教外学者不太感兴趣，大学里的老师都不懂希伯来语，懂希腊文、拉丁文的也很少。研究《圣经》还要懂得耶稣时代的语言，一些小的方言，如亚兰语都要掌握。西方古典学保存了这些语言和学问，所以即使是好莱坞拍的《耶稣传》，也能讲出罗马帝国时代的方言，中国学者还没有资格研究。"文革"以后，宗教研究发展很快，大学里有人用英文、法文、德文去研究《圣经》和神学。我们下一代学生又有了进步，他（她）们现在能掌握拉丁文、希腊文、希伯来语，甚至雅莱语，就是最近十年培养出来的。复旦就送了三个硕士生去香港中文大学、希伯来大学，然后回到国内大学从事研究。进步非常大，我们慢慢可以开始这个研究。

"轴心时代"与"第二个轴心时代"

我们现在的西方哲学，只讲理性、科学还不够，也需要了解信仰。"两希"时代是人类文明爆发的时代。公元前 6 世纪左右在印度有佛陀；到了公元前二三世纪，希腊哲学发展起来；公元以后，耶稣传播的基督宗教兴起，是在犹太人希伯来信仰上发展

起来的新宗教；在中国，和佛陀、古希腊哲学家差不多时期的是老子、孔子和庄子时期。孔子、佛陀、苏格拉底、耶稣，人类文明出现了满天星斗式、"百家争鸣"的璀璨格局。现在看起来，这是第一次"多元文化"的时代，此后各个宗教和哲学就分头发展起来了。这个现象被19世纪末的哲学家雅斯贝尔斯定义为人类文明的"轴心时代"。公元前6世纪左右，人类文明呈现出新星爆发式的状态，主导了我们2000年的文化传统。按雅斯贝尔斯的理解，"轴心时代"发展出来的是世俗哲学，而我们现在来理解2000年前的"轴心时代"，包含着丰富的信仰精神，如何能够把"理性"和"信仰"截然分开？

我们有很多学者意识到，人类文明在21世纪有一个很大的转折。这一次"世俗化"走到尽头了，信仰又冒了出来。人类在"全球化"的同时，又发展出很多"多元文化"，北美、西欧、东欧、地中海、澳洲、中东、东亚、南亚、东南亚，正在以不同的方式表达自己的文明，被称为"第二个轴心时代"。我们发现，最近的文明的分化、融合和转型，仍然带有强烈的信仰因素，例如中东的穆斯林，东欧的东正教、天主教，南亚、东南亚的印度教、佛教、伊斯兰教，还有东亚融合型的现代宗教。我的同事魏明德（Benoit Vermonder）教授写了一本《第二个轴心时代》，不单单是基督宗教，印度、中国、俄罗斯甚至是日本所流传的宗教，以前作为次文明的文化现在都呈现爆发的状态，这个世界正在发生新的文明、多样化的文明。在"多元文化主义"中，各个地方的传统宗教、新兴宗教、混合宗教都有强烈表现。比如韩国，天主教、基督新教和本土新兴宗教一起繁荣；日本的传统宗教佛教、神道教（国学）更发达些，中国台湾也是本土宗教和西方宗教并行不悖。中国大陆的宗教显然是在复兴，这几年本土宗教非常强劲，基督宗教虽然遇到了很大困难，但也已经扎根基层，为民众接受。我认为"第二个轴心时代"的说法是可以成立的，必须看世界的多元化发展，还有多元化背后的信仰复兴。

文明三极

从公元100年至200年开始，基督宗教在欧洲流行了1800年，只是最近200年发生了变化。到了公元8世纪的时候，欧亚大陆还出现了另外两个强大的文明，就分为三极。这个是韦尔斯《世界史纲》的理论，中世纪的世界发展为基督宗教的欧洲、伊斯兰教的阿拉伯和儒教的东亚。基督宗教、伊斯兰教和儒教都是跨民族、跨文化的大宗教。基督宗教包括了拉丁、日耳曼、盎格鲁－萨克森、凯尔特、斯拉夫民族；伊斯兰教包括了阿拉伯、埃及、波斯、土耳其、印巴、马来西亚等地区的民族，甚至中国的回族。儒教也是跨民族的，这一点大家不常提到，一说就明白了，日本、朝鲜、琉球、越南等，都是接受了汉字、儒家经典和科举考试，还有都城制度的国家。所以，宗教和文化不是完全重合的，亨廷顿按宗教信仰把文明分为基督宗教、伊斯兰教和儒教三种，三者之间存在你死我活的"文明冲突"，这是不对的。每个宗教内部存在着严重的分歧，本身就有利益冲突、文化冲突。伊斯兰教内部的冲突，比如什叶派和逊尼派，伊朗和伊拉克，甚至比与外教的冲突更严重。到目前为止，世界上最大的伊斯兰国家是印尼，他们的伊斯兰教和其他地区很不一样，我是说还没有阿拉伯化、极端主义化。我们要修正一个看法，不能把某种宗教看成一个整体，然后整体对待，简单处理。基督宗教我们已经分析过了，它里面有东欧、西欧，有俄罗斯、希腊，亚洲有犹太小亚细亚、叙利亚。今天的叙利亚、黎巴嫩是基督教起源的地方。当年大马士革、罗马和君士坦丁堡三大教区并列，叙利亚教区是最重要的。今天打得一塌糊涂的黎巴嫩、叙利亚和北非的埃塞俄比亚，是基督宗教最早传播的地方，人种还是原来的人种，宗教却从天主教换成了伊斯兰教。基督宗教也不是一种文明，我们把它看成铁板一块也是不对的。

讲"文明三极"，有一点不准确，我们忘记了印度。印度次大陆有灿烂的文明，佛教只是其中之一。但是在蒙古人建立的莫卧儿帝国之前，印度并不是一直统一的，也没有形成一个长期稳定的文明形态，一度是雅利安化（种姓制度），又受过希腊（亚历山大东征）、波斯文化（伊斯兰教）的影响，佛教起源于印度，传到中国之后，自己没有保存，居然消失了。印度文化的底色是婆罗门教，这个一直传下来，但在境外影响不大。印度宗教和中国宗教一样，都是一种"弱宗教"，组织化程度不高，也没有强烈介入政治的传统，所以宗教冲突不严重。问题比较大的是伊斯兰教，他们至今还是一个强组织，而且还"政教合一"。现在比较温和的是东南亚伊斯兰教，印度、马来西亚的穆斯林还是索菲派，没有受到阿拉伯极端主义影响。雅加达的一个清真寺就可以容纳30万人，传播的教义还是清规戒律。值得忧虑的是，维吾尔族穆斯林，陕、甘、宁、青汉族地区穆斯林，也面临着教义选择，令人忧虑。很可惜原来主张修行和内省的索菲主义思想，现在一个个地出现了原教旨主义派别。埃及、土耳其、伊朗的伊斯兰教义，原来都比较温和和世俗化，自从1979年伊朗回到"政教合一"政体后，阿拉伯、埃及、叙利亚，甚至土耳其都一点点改变了。原来的土耳其是跟着欧洲走，和日本一样，土耳其原想"脱亚入欧"，做欧洲文明。凯末尔革命也差不多100年，很世俗的国家，今天卷入了地区的宗教冲突，非常危险。伊斯兰教国家争夺地区和信仰霸权，伊朗还好，伊朗闭关不太出来，沙特阿拉伯、伊拉克、利比亚、叙利亚、埃及、土耳其共同的敌人只有以色列，停下来就相互冲突，地区动荡不能遏制，伊斯兰教变成最不稳定的宗教。

基督宗教的现代道路

基督宗教走的是一条正确道路，就是"文艺复兴之路"。14、15世纪以后意大利开始"文艺复兴"，随后传播到法国、德国、英国，用希腊、罗马的旗号，改造中世纪以来的生活。这场运动是佛罗伦萨等城市共和国和罗马的教皇国一起发动的，所以是非常"天主教"的，不要以为就是"反宗教"的。"中世纪"这个词是"文艺复兴"的时候提出来的。佛罗伦萨学者彼德拉克（Francesco Petrarca，1304～1374）说，意大利人在失去了希腊、罗马的"古代"之后，在漫漫长夜里度过了1000年，现在开始了"现代"（Modern）。在古代和现代中间，就是黑暗的"中世纪"。彼德拉克憧憬的现代，是一个新的时代，但是又要恢复到希腊、罗马的古代，这个就叫"文艺复兴"（Renaissance），意思是"再生"。我们看到了，这个时候意大利、法国建造了很多古希腊式的大型石材宫殿建筑，德国、英国也有"文艺复兴"，但少一点。不但建筑、雕塑、壁画，还有服饰、诗歌、艺术、法律、医学、辩论术，都要恢复到罗马去。举例说希腊人、罗马人都喜欢在澡堂里谈论城邦政治，但中世纪人很少洗澡，到路易十四时期法国人还没有普及洗澡，贵族之间发明了香水来盖住身上的怪味道。"文艺复兴"以后，澡堂、浴室在意大利城市中率先恢复了，市民像罗马人那样懂得享受生活了。这就是为什么马可·波罗访问苏州、杭州，看见澡堂很兴奋。中国人好吃好穿，绫罗绸缎，真是"上有天堂，下有苏杭"。懂得生活，关注人生，这个就是"人文主义"，世俗化。哲学，其实可以这么简单，人文主义就是过人的生活，不是整天沉浸在神的氛围。上帝造人，"人为万物之灵"，人本身最有价值，人文主义（Humanism）有时候也翻译成人本主义、人道主义。

"文艺复兴"和"启蒙运动"不一样，它不反天主教，后者确实是反宗教的，如伏尔泰、卢梭等人反对教会统治，主张"政教分离"，要求自由、平等、博爱。相反，"文艺复兴"运动有一阵是罗马领导的，出现了好几个"人文主义教宗"。记得有资料说，有一个人文主义教宗甚至化了装，暗中参加平民的嘉年华狂欢节，真是"与民同乐"啊！南方的文艺复兴高潮之后，北方却发生了"宗教改革"（Reformation），德国宗教改革是反天主教会的，在某种程度上也是反文艺复兴和人文主义的。

文艺复兴还有一个很好的想法，就是善待异教徒的文化。天主教会固守《圣经》，异教徒的东西一点儿都不能加入进来。文艺复兴有两个新的倾向，一个是回到古代，即回到生活，回到人道；二就是去到东方，对其他的文化持开放态度，这个真是好想法。去到东方，东方开始就是希伯来、希腊，那个时候希腊、希伯来是西欧人的东方。再往下去的东方，就是阿拉伯、印度、中国和日本。欧洲人对东方的新鲜事物非常痴迷，学者称为"异域主义"（Exoticism）。这种开放思维方式很重要，让人走出封闭，对不同的事物感兴趣，就会改变傲慢自大、以自我为中心的固执。文艺复兴运动中有一个天主教学者伊拉斯谟（Desiderius Erasmus，1466～1536），荷兰低地鹿特丹人，后来被教会奉为圣人，他提倡学习拉丁文、希伯来语、希腊语，叫作"三语"，作为学者要有三门外语。比利时鲁汶大学我去过两次，都去看了他在那里开设的三语学院，人家 500 年前的书院保存得很好。

"文艺复兴"是个好东西，我觉得比"宗教改革""启蒙运动"还要好。后面两个运动都有一些副作用，"文艺复兴"几乎没有，它大大地提升了本民族的文明水平。100 多年前，中国思想家们最先想做的并不是"启蒙运动"，而是"文艺复兴"。1914 年，梁启超带着一批人到巴黎，请罗浮宫博物馆馆长给他们上课，专讲文艺复兴。回来后蒋百里把授课笔记整理成《中国的文艺复兴》，梁启超写序，就是有名的《清代学术概论》。中国的"新文化运动"、科学运动、启蒙运动，还有宗教改革，我们都去仿照做了，但是根本的"文艺复兴"就没有做成功。我们还在反传统，没有回到古代把古代知识发掘出来；我们也没有真正地学习西方，把西方的知识学好了来应用。欧洲的文艺复兴都做好了，基督宗教随着世俗化运动进步，在改造自己的同时，复兴传统，保存信仰，基督宗教到了 19、20 世纪仍然是与时俱进的教会。

"文艺复兴"给现代人奠定了一些基本价值：人类是一个整体，文化是多种多样的，信仰和理想可以回到现实世界来实现。在基督宗教看来，上帝是一个，文化有很多，这就是教会背景的"普世价值"，真的没有什么错啊！上帝可以用不同的语言来解释，他会在不同的民族中用不同的方式来呈现，这个神学解释很好啊！普世和多元结合起来，多好啊！但是，今天这个就是两难，人类既要结合在一起，又要保持住自己，"一"与"多"要平衡。今天美国的问题来了，奥巴马的全球化遭遇挫折，特朗普要搞美国优先，孤立主义又上来了。美国要坚持文化主体观，这个没有问题，不但美国，英国、法国、德国、中国的文化都要保持下去，这些民族国家内部的文化差异也要保存下去，但不妨碍我们也主张人类共同的生活，维护"普世价值"。任何人要反对"普世价值"都是没有出路的。

我们今天的会场就是文艺复兴式的，很像意大利马切拉塔利玛窦老家的耶稣会学院——16 世纪初期的建筑。走廊是一个低的穹顶，但是穹顶上面应该是画壁画的，建议把马切拉塔耶稣会学院的壁画拷贝过去，立刻高大上了。这个会场大厅也是文艺复兴式的，和拉斐尔画《雅典学园》中的穹顶、廊柱和拱门造型一样。在这样的空间里，你可以体会到生活的快乐、生命的价值、学问和思想的尊严。文艺复兴的理念就是主张人应该活在当下，"the world of this"。这是文艺复兴以来的世俗化的观点，也是一条正确的道路。

三 基督宗教的"信仰时代""神学时代" "理性时代"和"世俗时代"

世俗化之后的"信仰时代"

讲基督宗教,有两本书可以对应起来理解,一本是古代就著名的奥古斯丁的《上帝之城》,另一本是不太著名的哈佛大学神学家寇克斯(Harvey Cox)的《世俗之城》(1965)。我 1998 年在哈佛见过寇克斯,聊过几句。他就是冲着奥古斯丁去的,总的意思是说:基督宗教在衰败中,如果要生存下去,必须把奥古斯丁的"上帝之城"移到人间,适应"世俗化",建造"世俗之城"。这个看法,还是"文艺复兴"路线的延续,是"现代性"的登峰造极。但是,基督宗教的情况也并非糟糕到极点,无论是在欧洲,还是在美国,工业化、城市化、现代化,现在加上全球化,对所有宗教都造成了巨大冲击,在原先的基督宗教国家,教会的影响力确实是衰落了,愿意当神父、牧师的人越来越少,教徒去教堂的频率也越来越低。但是,在很多场合人们发现一般人的信仰并没有消失。2015 年在意大利中部东海岸城市罗莱多(Loreto)教堂里见到一个"圣家"(Holy House)崇拜,是十字军东征的时候,意大利人把耶稣诞生的那间石头小屋搬过来了。世界各地去朝圣的人非常多,善男信女跪在圣家面前,摸啊求的,都说摸一摸,沾上灵气,就会得救,意大利人也有"迷信"。教会对民间信仰的压制放松了,就可以看到各种方式的信仰还很强烈。在利玛窦家族捐助的教堂里，藏着一幅"马切拉塔的圣母"画像，玛利亚的大氅保护了本城的市民，那年的瘟疫中没有死几个人。这个"显灵"（Miracle）一直没有得到罗马的批准，是"迷信"，一直是秘密崇拜，现在就公开了，大家要是来教堂，主要还是求"马切拉塔的圣母"。这样的情况还有很多，在比利时布鲁日教堂看见他们的东征军队从耶路撒冷抢回来的耶稣宝血，放在瓶子里崇拜，据说祈祷得法，干血块就会融化。这种情况以前是秘而不宣的，现在各教堂都有一些类似的法宝，吸引教徒和游客。一般来讲，欧洲人去教堂听讲道、读圣经的不多了，但很少有人说自己是"无神论"者，不信上帝。人们还是以自己的方式保持信仰，哪怕就是相信灵异。

寇克斯在《世俗之城》中基本上宣布"世俗化"已经不可逆转了，是教堂只有关门，神父、牧师等着回家的样子。然而，40 年过去后，我发现他在最近出版的一本《信仰的未来》（The Future of Faith）中改变了看法，认为人类的信仰进入了一个新时代。这本书中，寇克斯把基督宗教的 2000 年划分为三个阶段：公元 1~3 世纪是基督徒的"虔信时代"（Age of Faith），信徒们追随耶稣；随后的中世纪到 20 世纪之前都是"信仰的时代"（Age of Belief），教会用教义对信徒施加影响；然而，20 世纪以后，西方世界的信徒们忽视基督教会和教义，更加重视自己的灵性经验，进入了"灵性的时代"（Age of Spirit）。

公元 300 年到中世纪，教父们组织起来选举教宗，教宗组织教会。信徒们平时向本堂神父作告解（忏悔），本堂神父上面有教区主教，教区主教上面有总主教，总主教选举枢机（红衣）主教，枢机主教选举教宗。教宗是从耶稣时代一位一位继承下来的，相当于中国宗教讲的"衣钵相传"。更加具有神学正统的是，天主教的"圣统制"是说信徒只有通过这一条"传统"才能和耶稣建立关系，所以信徒不能离开教会，"教会之外无救恩"。马丁路德（Martin Luther，1483～1586）领导的新教改革，就是反掉了"圣统制"，和上帝建立个人之间的沟通关系。我自己读《圣经》就可以了嘛！上帝直接和我说话了呀！顺便讲一下天主教和新教的根本差别，天主教说：基督徒的信仰有两个要义：《圣经》和教会，缺一不可；新教说：No，No，只要《圣经》就够了，Bible Only！"因信称义"！

寇克斯发现"信仰时代"之后，波士顿大学社会学家、神学家彼得·伯格（Peter Berger）也发现了"后世俗化"时代的信仰特征。寇克斯、彼得·伯格，一个哈佛大学，一个波士顿大学，他们在波士顿查尔斯河两岸，都发现了现代社会的宗教转向，虽然没有回归教会，但确实又转向了信仰。他们都改变了过去的结论，说"世俗化"并没有导致信仰衰败。伯格是研究神学的，但他同时也是一位公认的社会学家，并不是一个布道人、宣传家，他是按照社会学研究得到的结论。伯格前几年到过中国几次，他发现21世纪人类的精神状态在"世俗化"之后，仍然还有宗教上的诉求，他把这个特征叫作"再神圣化"（Re-Sacralization）。

"再神圣化"这个词，要和马克斯·韦伯的一个词"祛魅"（Disenchantement）一起分析。按韦伯在100多年前的"世俗化"思路来判断，自然、社会、人生的种种神秘性揭开了，崇敬、惧怕之心也就消失了。科学不发达，人类看天空、月亮、太阳就充满了神秘。现在坐飞机、飞船都能上去，神秘感就消失了。上帝在哪里？伽利略用望远镜去找。1609 年，伽利略弄了一个望远镜在威尼斯圣马可广场上，对准了月亮，据说上面有上帝，他要证明。教宗说我们知道上帝可能不在上面，但你不要惹事啊，影响不好！中国也一样，你不要把别人的美好印象打破嘛！传说月球上有广寒宫，有嫦娥、桂花酒，很美。打破了幻想，"祛魅"了多不好？但是，科学实实在在地把这种"神秘性"都去除了。

原来认为"祛魅"后的世界就失去了精神性，宗教信仰也都会消亡掉。现在看起来不会，一些重要哲学家出来说不会消失，只会转型。上面提到的哈贝马斯，他不是教徒。最近另一位重要哲学家查尔斯·泰勒新著了《一个世俗时代》，他也是说即使基督宗教衰落，但"精神性"（Spirituality）会更加突出。他公开承认是天主教徒，他认为人的精神、人的信仰这种因素不会消失。

我们可以对"世俗化"做一个结论，"Secular"这个词的原意是摆脱教会，"Not connected to church，或者 not controlled by church"。脱离教会，不受教会管制，但不一定就是反信仰。反教会，不一定就是反神圣、反信仰，这一点反宗教的老祖宗伏尔泰就是这样。伏尔泰激烈地反对天主教会，但是他不反对信仰。比如说他一直赞美中国的儒家信仰：他们信仰的上帝那么单纯、那么纯粹，他是在自然界存在，跟教会无关，教会不能控制上帝，上帝就是在每一个人的心中。所以"Secular"是反教会不是反宗教。现在有很大的误会，认为这些启蒙思想家笛卡尔、伏尔泰、康德、黑格尔，都是反信仰，其实当时他们只是反教会，不是反信仰。再如"神圣"（Sacred）这个词，意思是奉献、牺牲。在中国，就是把牛、羊、猪放在祭坛上，比如家里供祖宗，把食物供在案桌上，就是"Sacred"，就是神圣的，就是你的信仰和祖先的灵魂和上帝交流沟通。所有和超越自己的、所谓"超越性"的存在打交道，就是神圣。所以一个人心里的神圣性是灭不掉的，世俗化不一定是"Not Sacred"。"Re‐sacralization"是重建人性和精神的关系，这个是有的，大家去找例子体会，很容易。

信仰回归和宗教复兴

和马克思主义的"宗教消亡论"、韦伯式的"世俗化"的现代性预言不一致，21 世纪的宗教信仰并没有消失。虽然"现代化"所向披靡，"现代性"到处传播，但传统宗教在一些地区还完好保留，比如印度搞了工业化、民主化，印度宗教还在。日本也是，现代化以后，佛教、神道教都在；中国台湾、新加坡华人社会也是保留传统宗教，到处都是佛庙、妈祖庙。有些民族的本土宗教受到冲击，改变了方式进入到外来宗教中去，如韩国。韩国的儒教、佛教、道教比较衰败，外来的新教、天主教吸收了本土信仰，成为主流宗教。韩国的传教士很厉害，阿富汗都敢去，因为钱太多了。很多人捐了钱，神学院毕业生没有活干，就到世界各地传教，传基督福音。韩国的新兴宗教也很兴旺，用了基督宗教的外表，比较早的是文显明的"统一教"，最近比较热烈的是李万熙的"新天地教"。一般的新兴宗教还没有危害社会，但有些教义是很极端的，宣称自己是耶稣的兄弟下凡，居然很多人信。这从另一方面证明信仰没有消失，连"迷信"都还在。

非洲、南美、东欧和中国的宗教，有的维持，有的还在复兴。东欧的宗教在复兴，和中国一样。东正教是彻底活过来了，苏联"十月革命"后把东正教彻底灭了，1917～1991年是没有宗教生活的。那么多精美宏大的东正教堂都改作了工人文化馆、博物馆、剧院、礼堂。我2005年去俄罗斯，莫斯科、圣彼得堡的教堂都恢复了，神学院也重开了。叶利钦把斯大林拆掉的全俄东正教大教堂重建了，普京还受洗为教徒。但是俄罗斯人对宗教完全没有感觉，莫斯科、圣彼得堡、基辅、喀山四大神学院里讲东正教神学，还是大学哲学系的马哲根底。原来讲"无神论""唯物论"，现在讲"有神论""唯心论"。然后一帮工人、农民跑到教堂，都不知道怎么做祷告，守仪式，东张西望，陌生、茫然得很，毕竟已经三代人都没有任何宗教经验了。

波兰、乌克兰、塞尔维亚的情况都不一样，现在以天主教、东正教、正教民族自居。有一件事情很发人深思，波兰、意大利、匈牙利这几个国家前几年曾提出要在《欧盟宪章》中加入一个陈述，认定欧盟是一个基督宗教传统的共同体。什么情况？其实他们是想借此规定，把土耳其限制出去。目前的欧盟参加国，历史上都是天主教、新教、东正教民族，欧盟看起来像是实现了欧洲君主的"神圣罗马帝国"理想，而且还广义地包括了希腊正教和基辅、俄罗斯的东正教。当然，欧盟和"神圣罗马帝国"不同，它是世俗的民族国家联盟，而不是宗教共同体。因此，法国、德国、英国都不同意写入这一条，不能认为欧盟只是一个宗教的社会。土耳其一大半是亚洲国家，还有伊斯兰教信仰。按照军事同盟，它是北约成员；按照多元文化主义的原则，它更可以加入欧盟。当时土耳其非常想加入，一直在申请。现在不考虑了，难民问题太严重，还有它已经卷到了叙利亚冲突中。有迹象表明这个总统不顾军人维护的"凯穆尔主义"，要退回到伊斯兰教，也就是说土耳其又宗教化了，也有"政教合一"的危险。

在全世界宗教复兴的格局下，欧洲是要坚持原来的"世俗化"路线、坚持"多元文化主义"的理想，还是改变一下做法，对当前日益严重的"伊斯兰教复兴运动"，以某种宗教的方式作出回应？欧洲面临重大抉择。欧洲的宗教问题变得非常微妙，原来欧洲人认为"政教分离"以后，宗教在欧洲已经完全不是一个社会问题。法国人口中只有大约3%是有教堂生活的，不能说每一个周末都去，还算是经常去教堂。巴黎圣母院人挤得不得了，全部是游客，没有正常的弥撒，都是套路，都是表演。这个数字，在德国是5%，在意大利是15%，这个数据每年都还在降低。许多欧洲人现在一生只去三次教堂，出生时受洗、结婚时婚礼、死亡时葬礼。美国比较高一点，有百分之二三十的人有教堂生活。所以，彼得·伯格前几年有一本书，叫作《宗教美国，世俗欧洲》（*Religious America*，*Secular Europe*，2008）。美国人的宗教精神还是很强的，而且参与政治，这个和欧洲不一样。每次总统大选，堕胎、同性恋婚姻等，宗教性的话题可以影响10%的选情。这次特朗普当选，500福音派领袖的支持很重要。

刚刚有同学问，美国会不会成为"新罗马"？变成宗教性的国家？我说绝无可能！以我对美国的感觉，美国的神圣性根本不是往这个方向发展，它从立国开始就是"政教分离"，一个州的教派，不能凌驾于另一个州。现在美国的教派十分多元，基督教、天主教、犹太教、伊斯兰教、佛教、印度教都有。"信仰自由"的原则之下，不可能出现一个压倒性的"国教"，美国宪法的基因不允许。确实有人提出要把美国重新基督化，但是这含义也不过就是"再神圣化"。有人讲美国人想发动圣战，打击伊斯兰教。这也不准确，事实上欧洲也参加"反恐"，并不是以"圣战"为理由。伊拉克、利比亚、叙利亚战争都是世俗战争，萨达姆、卡扎菲、阿萨德，都不是严格的穆斯林，都是专制统治者而已。

特朗普真是基督徒吗？他说他去过美国北长老会的教堂，选前有教士分析特朗普只是 10% 的教徒，我不知道测量标准是什么，但看视频，特朗普当选后，美国福音派长老给他做祷告，在特朗普大厦里面十几个人围着他。他的样子很笨拙，就像闯了大祸的小孩子，在上帝面前手足无措。由此判断，他肯定不是一个好教徒，他和基督宗教的合作不会长久。

图书在版编目（CIP）数据

听·见时代：JIC 讲堂精华实录. 2016 年卷／中国
建投研修院编 . - - 北京：社会科学文献出版社，2017. 9
ISBN 978 - 7 - 5201 - 0947 - 5

Ⅰ. ①听… Ⅱ. ①中… Ⅲ. ①社会科学 - 文集 Ⅳ.
①C53

中国版本图书馆 CIP 数据核字（2017）第 136310 号

听·见时代

——JIC 讲堂精华实录. 2016 年卷

编 者／中国建投研修院

出 版 人／谢寿光
项目统筹／任文武 高振华
责任编辑／高振华

出 版／社会科学文献出版社·区域与发展出版中心（010）59367143
　　　　　地址：北京市北三环中路甲 29 号院华龙大厦 邮编：100029
　　　　　网址：www. ssap. com. cn
发 行／市场营销中心（010）59367081 59367018
印 装／北京季蜂印刷有限公司

规 格／开本：787mm × 1092mm 1/16
　　　　　印张：13. 625 字数：151 千字
版 次／2017 年 9 月第 1 版 2017 年 9 月第 1 次印刷
书 号／ISBN 978 - 7 - 5201 - 0947 - 5
定 价／78. 00 元